© De la edición española:

Editorial ELA

www.libreriaargentina.com

Título original: "Le spiritisme a sa plus simple expression"

MAQUETACIÓN: Equipo ELA

TRADUCCIÓN: Editorial ELA

DISEÑO DE PORTADA: Equipo ELA

ISBN 978-84-9950-263-2

DEPÓSITO LEGAL: M-16282-2025

Impreso en España

EL ESPIRITISMO

EN SU MÁS SIMPLE EXPRESIÓN

*Una exposición sumaria de las enseñanzas
de los espíritus y sus manifestaciones*

ALLAN KARDEC

Editorial ELA

www.libreriaargentina.com

Índice

Prólogo a la edición española

Sobre el Espiritismo

El *espiritismo* es la doctrina que desarrolló *Allan Kardec*, que fue quien acuñó los términos "*espiritismo*" y "*espiritista*"[1]. Sin embargo, por generalización, cualquier tradición, antigua o contemporánea, que involucre un culto o un ritual con entidades no físicas, como el alma o el espíritu de los muertos, los ángeles y los demonios, se ha denominado posteriormente como "*espiritismo*".

El *espiritismo*, no es una religión porque no se basa en ningún dogma, liturgia ni jerarquía, aunque a menudo se le clasifica como tal. Sostiene que los espíritus existen independientemente del cuerpo humano, que los seres humanos son espíritus encarnados y que reencarnan repetidamente en el mundo físico en una progresión hacia la perfección intelectual y moral.

A lo largo de la historia, las antiguas civilizaciones, han mantenido creencias en el *más allá*, como los *asirios y los babilonios*, que creían que los muertos eran como un aliento, como un vapor, que embrujaba sus hogares y que, dado que el destino de la humanidad se determinaba en el más allá, los

1. Espirita: relacionado con el espiritismo. También se conoce con ese nombre al partidario del espiritismo.

7

muertos conocían el destino de los vivos y podían aconsejarlos.

En Oriente Medio, *los antiguos egipcios* creían en la existencia del "*Ka*", algo similar a lo que los espiritistas llaman *periespíritu*[1] y también invocaban a los muertos para pedirles consejo.

En Europa, en la *Antigua Grecia*, la comunicación con los muertos tenía su propio ritual y formaba parte de la religión, que incluía sacerdotes, sacerdotisas y templos. Los *Misterios Eleusinos* eran los más famosos y antiguos de todos los misterios griegos (con excepción de los de *Samotracia*) y se celebraban cerca de la aldea de *Eleusis*, no lejos de Atenas. Estos Misterios se celebraban en honor a *Deméter* (la Ceres griega) y a la *Isis* egipcia y el acto final implicaba una víctima expiatoria y una resurrección, cuando el iniciado era admitido al grado supremo de "*Epopto*". La Fiesta de los misterios comenzaba en el mes de *Boedromión* (septiembre), la época de la vendimia y duraba del 15 al 22, o siete días. Estos misterios, incluían misterios menores y mayores.

Platón fue un seguidor de los *Misterios Eleusinos*, adoptando una visión muy cercana a la del *espiritismo*. *Sócrates*, llegó a ser un clarividente, que fue iniciado en estos misterios por *Pitágoras* y se declaró guiado por su espíritu protector, a quien llamó "*Daimon*".

1 Periespíritu: palabra compuesta de *peri*: alrededor y de *spiritus*: espíritu. Es la envoltura fuídica (semi-material) del Espíritu, cuando está separado del cuerpo. También es llamado *cuerpo espiritual o cuerpo astral*, El Espíritu la obtiene del *plano* en que se encuentre (*físico, astral o mental*) y varía al pasar de un plano a otro; siendo más o menos sutil, según la naturaleza de cada plano. El periespíritu adopta todas las formas que quiera el Espíritu, aunque suele mantener la forma de su última existencia corporal. El periespíritu sobrevive a la muerte de la persona física.

Posteriormente, *los romanos*, tanto el pueblo como los gobernantes, inspirados en la cultura griega, también recurrieron a las *sibilas*[1], adivinas, que se comunicaban con el más allá.

En el *mundo celta*, los *druidas*[2] invocaban a los muertos en cámaras de piedra y el pueblo y los reyes los consultaban con frecuencia. Se cuenta que *Vercingétorix*, llegó a consultar las almas de los héroes muertos antes de alzarse contra *César*.

Los habitantes del *norte de Europa* y los *vikingos*, mantenían una comunicación constante con sus difuntos, quienes los protegían y poseían un conocimiento completo del mundo.

En el *Lejano Oriente*, los japoneses seguían la antigua religión del *sintoísmo*, según la cual los espíritus invisibles o *kami*, interactuaban constantemente con los humanos en todos los acontecimientos terrenales.

En el nuevo continente, en *Sudamérica*, en la antigüedad, antes de la llegada de los europeos, los *araucanos* creían en dioses y en un mundo poblado

1. Sibilas. Antiguamente se daba este nombre a ciertas mujeres a quienes se atribuía el conocimiento de lo venidero y el don de predicción. Se hace mención de la de Delfos, de Eritrea, de Cumas, de Libia y otras. Según parece, las sibilas profetizaron el gran temblor de tierra que conmovió la isla de Rodas, puesto que Pausanias dijo con tal motivo que era demasiado cierta la predicción de la Sibila.

2. Druidas [Del celta derw, encina]. Eran una casta sacerdotal que floreció en la Bretaña y la Galia. Admitían a las mujeres en su orden sagrada y las iniciaban en los misterios de su religión. No pusieron por escrito sus versos y escrituras sagradas, sino que, a semejanza de los brahmanes de la antigüedad, los confiaron a la memoria: hecho que, según la afirmación de César, necesitó veinte años para cumplirse. No tenían imágenes ni estatuas de sus dioses, porque consideraban como una irreverencia el representar un dios cualquiera, incluso los de menor importancia, con una figura humana. Los tres principales mandamientos de su religión eran: "Obediencia a las leyes divinas; interés por el bien de la humanidad y sufrir con fortaleza todos los males de la vida".

por espíritus capaces de transformarse a voluntad. Esto posteriormente dio origen al *vudú* en el *Caribe,* cuando, con la llegada de los europeos, se creó una amalgama de ambas culturas, centrada en la adoración de innumerables "espíritus" o dioses llamados "*loa*", que gobiernan toda la existencia.

Los *chamanes* de *América del Norte y del Sur, Oceanía, Asia y África,* creían en un vínculo entre lo visible y lo invisible, y también interactuaban con los muertos.

En los primeros tiempos del *cristianismo,* en el *judaísmo, Moisés* prohibió expresamente invocar a los muertos y hablar con fantasmas. Sin embargo, en los *Evangelios,* se establecía contacto con *ángeles,* considerados espíritus o mensajeros. Así, *Jesús* habló con *Moisés y Elías,* estando ambos ya fallecidos en el momento de su conversación (Mateo 17:1-3), aunque, para los cristianos, el futuro no se revelaba a petición humana; más bien, el espíritu era un mensajero de Dios.

En el *cristianismo moderno,* en el año 318, el emperador *Constantino* decretó la prohibición de la comunicación con las almas de los difuntos y algunos templos de las *Sibilas,* fueron destruidos. Durante los siglos siguientes, el clero luchó contra esta práctica, que consideraba un remanente del poder de las religiones antiguas y la asoció con el diablo. La *nigromancia* (adivinación a través de los muertos) llegó a considerarse *magia negra.* Esta era la opinión de *Agustín* y de la mayoría de los *Padres de la Iglesia* de la *Edad Media,* quienes creían que el hombre, al ser libre, no tenía un destino predeterminado, lo que le permitía predecir su futuro.

En la segunda mitad del *siglo XIX,* el *espiritismo* experimentó un gran auge gracias a varias figuras intelectuales, literarias y académicas, como *Victor Hugo,* quien afirmaba comunicarse con su hija fallecida, *Léopoldine* o *Alejandro Dumas,* quien participó en sesiones de intercambio de ideas y colaboró con *George Sand, Victorien Sardou y Théophile Gautier.* También, *Sir Arthur Conan Doyle,* se involucró en el *espiritismo,* escribió cuatro obras concretas sobre el tema, además de incluirlo en sus novelas y abrió una librería espiritista en Londres: dedicando los últimos años de su vida a impartir conferencias sobre *espiritismo* y espiritualismo por todo el mundo y presidiendo el *Congreso Espírita Mundial* en Londres en 1928.

Hoy en día, entre las figuras destacadas se encuentran: *Léon Denis, Gabriel Delanne, Francisco Xavier, Amalia Domingo Soler, Camile Flammarion, François Brune y Serge Girard,* entre otros.

Según las creencias espiritistas, todos los humanos son *espíritus* que habitan temporalmente un cuerpo, en un viaje mucho más largo que la vida y la muerte. Tras la muerte del cuerpo humano, el alma pasa al mundo espiritual, donde reside aproximadamente el mismo período que su última vida - aunque se cree que existen muchas excepciones- hasta que reencarna. La tradición *espirita,* también postula la existencia del "periespíritu", que media entre los mundos material y espiritual.

Los principios del credo espiritista, animan a sus seguidores a promover la caridad y el desarrollo personal, a rechazar la fe ciega, a valorar la ciencia como el estudio de las leyes de Dios y a respetar a quienes tienen creencias diferentes.

El *espiritismo,* se adhiere a la mayoría de las creencias fundamentales del cristianismo, incluyendo la existencia de un Dios omnipotente y benévolo que creó el universo y todo lo que contiene y a Jesús como modelo de la ley divina y su sacrificio como testimonio del amor divino y difiende que los seres humanos poseen el libre albedrío en la Tierra, como almas que son, viviendo en cuerpos físicos. De hecho, *Kardec* interpretó varios fragmentos del Antiguo y el Nuevo Testamento como evidencia de la reencarnación (ver la obra *"El Génesis"* Editorial ELA).

Un elemento central del Espiritismo gira en torno a la *mediumnidad*, en la que individuos con habilidades especiales se comunican con espíritus incorpóreos o provocan en ellos respuestas físicas, lo cual se explica en *"El libro de los mediums"*.

Sobre la obra

Les presentamos una obra ideal para tomar un primer contacto con el *espiritismo* y luego profundizar en él, leyendo las otras obras de *Kardec* por orden, cada una en su momento adecuado.

A la obra original, en esta edición de editorial ELA, hemos añadido un prólogo y dos anexos titulados: "Resumen de la ley de los fenómenos espiritistas" y el prólogo de la obra de *Kardec:* "¿Qué es el espiritismo?", que pensamos que resultarán ideales para complementar a esta obra.

Sobre el autor

Su verdadero nombre era *Hipólito León Rivail.* Nació el 3 de octubre de 1804 en Lyon (Francia). Comenzó allí sus primeros estudios y después los completó en Yverdun (Suiza) con el célebre profesor Pestallozzi, de quien muy pronto se volvió un consagrado e inteligente colaborador. Se hizo profesor y doctor en medicina y se instaló en Paris, donde fundó un instituto semejante a los de Yverdun.

En 1854, oyó hablar por primera vez de las *mesas giratorias*[1] y al ser insistido por sus amigos asistió a estas sesiones y comenzó a interesarse y a asistir a ellas de una manera continuada. Un día en estas reuniones, recibió una comunicación de un *espíritu protector,* que decía haberlo conocido en una vida anterior, en el tiempo de los druidas, cuando vivían juntos en un pueblo galo. Este espíritu se llamaba *Allan Kardec* y prometió ayudarle en una tarea mucho más importante para la que fue designado.

El primer libro que *Hipólito León* publicó con esfuerzo propio, ante la negativa de las editoriales de llevarlo a cabo, fue el "Libro de los *espíritus*" (publicado en editorial ELA). Un volumen de más de 300 páginas, dónde primero aparecen las preguntas a los espíritus y a continuación las respuestas dadas por ellos. Además contiene los principios de la doctrina espiritista sobre la naturaleza de los seres del más allá, así como sus manifestaciones y sus relaciones con los seres humanos, las leyes morales, la vida presente y futura y lo que esta por venir en la humanidad.

Cierto día, los espíritus revelaron a *Kardec* que le quedaban 10 años de vida y le exhortaron a que adelantara su obra, así que publicó esta pequeña obra que ahora les presentamos: "El *espiritismo* en su más simple expresión", como un opúsculo para la divulgación. Más adelante, publicó su obra cimera: "El libro de los Médiums" (editorial ELA), en 1861. A

1 Las mesas giratorias, también llamadas mesas parlantes o danzantes, son un tipo de sesión espiritista en la que los participantes se sientan alrededor de una mesa, colocan sus manos sobre ella y esperan a que gire.

éstas, siguieron, en 1864 "El evangelio según el *espiritismo*" (editorial ELA) y finalmente, en 1868, "El Génesis, los milagros y las predicciones según el *espiritismo*" (editorial ELA). En abril de 1858, sabiendo que el plazo fijado se acercaba, fundó la *Sociedad de Estudios Espiritistas* y para entonces, sus seguidores sumaban más de 30 mil personas.

I.
Historia del espiritismo

Hacia 1848, llamaron la atención en los Estados Unidos de América, diversos fenómenos extraños, consistentes en ruidos, golpes y movimientos de objetos sin causa conocida. Estos fenómenos se produjeron muchas veces de forma espontánea, con singular intensidad y persistencia; pero también se observó que ocurrían más particularmente bajo la influencia de ciertas personas, que eran llamadas *médiums* y que podían de alguna manera provocarlos a voluntad, lo que permitía repetir los experimentos. Para ello, utilizaban principalmente mesas y no porqué este objeto fuese más favorable que otro, sino porque era fácil de mover y cómodo y porque uno se sienta más fácil y naturalmente alrededor de una mesa, que alrededor de cualquier otra cosa. De esta forma, se obtenía la rotación de la mesa y luego movimientos en todas direcciones, sacudidas, vuelcos, levantamientos, golpes violentos, etc. A este fenómeno, originalmente se le denominó como *mesas giratorias o bailes de mesas.*

Hasta entonces, este fenómeno podía explicarse perfectamente por una *corriente eléctrica o magnética* o por la acción de un *fluido desconocido* y ésta fue incluso la primera opinión que se formuló a su respecto. Pero no pasó mucho tiempo hasta reconocer ciertos efectos inteligentes en estos fenómenos; como que el movimiento obedecía a una voluntad y la mesa se movía hacia la derecha o hacia la izquierda o hacia una persona designada, se paraba a una orden sobre una o dos de sus patas, daba el número de golpes solicitados, marcaba un compás, etc. Entonces quedó claro que la causa no era puramente física y de este axioma de que: *"Si todo efecto tiene una causa, todo efecto inteligente debe tener una causa inteligente"*, concluimos que la causa de este fenómeno debería ser una *inteligencia*.

Pero, ¿cuál era la naturaleza de esta *inteligencia*?

Esa era la pregunta. El primer pensamiento fue que podría ser un reflejo de la *inteligencia del médium o de los asistentes*, pero la experiencia pronto demostró esta imposibilidad, ya que los resultados se obtenían con independencia del pensamiento y conocimiento de los presentes, e incluso en contradicción con sus ideas, su voluntad y su deseo; por lo tanto, sólo podría pertenecer a un ser no visible.

La forma de asegurarse de esta afirmación, fue muy sencilla: se trató de entablar una conversación con este ser, lo que se hacía mediante una serie de trazos convencionales que significaban sí o no, o se designaban las letras del alfabeto y de esta manera se obtenían respuestas a las diversas preguntas que se le dirigían. A este fenómeno es al que se hizo referencia como: *mesas parlantes*.

Todos los seres que se comunicaron de esta manera, al ser interrogados sobre su naturaleza, declararon ser *espíritus* y pertenecer al mundo invisible. Habiendo ocurrido los mismos efectos en un gran número de localidades, a través de diferentes personas y siendo observados por hombres muy serios y muy ilustrados, no era posible que estuviésemos siendo el juguete de una ilusión.

De América, este fenómeno pasó a Francia y al resto de Europa donde, durante unos años, las *mesas giratorias y parlantes,* se pusieron de moda y se convirtieron en un entretenimiento de salón; pero luego, cuando se cansaron de ellas, las dejaron a un lado para pasar a otra distracción.

Entonces, el fenómeno no tardó mucho en presentarse bajo un nuevo aspecto, que lo llevó más allá del ámbito de la simple curiosidad. Los límites de este pequeño libro, no nos permiten contarlo en todas sus fases y pasaremos, sin más dilación, a lo más característico, a lo que llamó especialmente la atención de las personas serias.

Digamos primero, antes de nada, que la realidad del fenómeno encontró muchos objetores; algunos, sin tener en cuenta el desinterés y la honorabilidad de los experimentadores, lo vieron sólo como un malabarismo, como un hábil juego de manos. Quienes no admiten nada fuera de la materia, los que creen sólo en el mundo visible, los que piensan que todo muere con el cuerpo, en una palabra: los *materialistas*, que se califican de espíritus fuertes (los que no aceptan la opinión de la mayoría en varios asuntos, principalmente religiosos), rechazaron la existencia de los *espíritus invisibles* como una fábula absurda y acusaron de locura a quienes se tomaban este asunto en serio y los abrumaron con su sarcasmo y burla. Otros, incapaces de negar los hechos y bajo la influencia de un cierto orden de ideas, atribuyeron estos fenómenos a la influencia exclusiva del *diablo* y buscaron por este medio, asustar a los temerosos. Aunque hoy en día, el miedo al *diablo* ha perdido significativamente su prestigio;

porque se ha hablado tanto de él y lo hemos representado de tantas maneras, que nos hemos familiarizado con esta idea y muchas personas pensaron que deberían averiguar lo que realmente eran estos fenómenos. Como consecuencia de esta afirmación, salvo un pequeño número de mujeres temerosas, el anuncio de la llegada del verdadero diablo, tuvo algo de atractivo para quienes sólo lo habían visto en la pintura o en el teatro y fue para muchos un poderoso estímulo, de modo que quienes querían por este medio, poner una barrera a las nuevas ideas, estaban en contra de su objetivo y se convertían, sin quererlo, en agentes propagadores, tanto más eficaces cuanto más gritaban.

Otros críticos no tuvieron más éxito, porque a los hechos comprobados, a los razonamientos categóricos, sólo pudieron oponer negaciones. Si leemos lo que se ha publicado, en todas partes encontraremos pruebas de la ignorancia y del grave desprecio de los hechos y en ninguna parte una demostración real de su imposibilidad; todo el argumento se resume en: *"No lo creo, luego no es; todos los que creen esto, son tontos; sólo nosotros tenemos el privilegio de la razón y el sentido común"*. El número de los seguidores de estas críticas serias o bufonescas, es incalculable, porque en todas partes sólo encontramos opiniones personales, desprovistas de pruebas en contra. Pero, continuamos nuestra presentación.

Las *comunicaciones a través de golpes* eran lentas e incompletas y se descubrió que adaptando un lápiz a un objeto móvil: una cesta, una tabla u otro objeto sobre el que se pudieran apoyar los dedos, este objeto comenzaba a moverse y a trazar caracteres. Posteriormente se descubrió que estos

objetos eran sólo accesorios de los que se podía prescindir y la experiencia demostró que el *Espíritu*, que podía actuar sobre un cuerpo inerte para dirigirlo a voluntad, podía actuar de la misma manera sobre un brazo o una mano para guiar un lápiz. Surgieron entonces los *médiums escritores*, es decir personas que escribían de manera involuntaria bajo el impulso de los *espíritus*, de los cuales pasaron a ser instrumentos e intérpretes.

A partir de ese momento, las comunicaciones ya no tuvieron límites y el intercambio de pensamientos pudo producirse con tanta rapidez y desarrollo como entre los seres vivos. Era un vasto campo abierto a la exploración, al descubrimiento de un mundo nuevo: *el mundo de lo invisible*, así como el microscopio había revelado el mundo de lo infinitamente pequeño.

¿Qué son estos espíritus?

¿Qué papel juegan en el universo?

¿Con qué fin se comunican con los mortales?

Éstas eran las primeras cuestiones que debían resolverse.

Pronto supimos, por ellos mismos, que no eran seres separados en la creación, sino las propias almas de quienes habían vivido en la tierra o en otros mundos y que estas almas, después de haberse despojado de su envoltura corporal, pueblan y viajan por el espacio.

Y ya no fue posible dudarlo, cuando se reconocieron entre ellos a los padres y amigos, con quienes se pudo hablar; que vinieron a dar prueba de su existencia, a demostrar que no hay muerte en ellos excepto en su cuerpo, que su alma o Espíritu, vive siempre, que están ahí, cerca de nosotros, mirándonos y observándonos como durante la vida, rodeando con su solicitud a quienes amaban y cuyo recuerdo supone para ellos una dulce satisfacción.

Generalmente, tenemos una idea completamente falsa de los *espíritus*; que no son, como muchos los imaginan, seres abstractos, vagos e indefinidos, ni algo parecido a un resplandor o una chispa; son por el contrario, seres muy reales, que tienen su individualidad y una forma determinada. Podemos hacernos una idea aproximada de ello con la siguiente explicación:

Hay tres partes esenciales en el hombre:

1°. *El alma o Espíritu*, el *principio inteligente* en el que residen el pensamiento, la voluntad y el sentido moral.

2°. El *cuerpo*, la *envoltura material*, pesada y densa, que pone al *Espíritu* en contacto con el mundo exterior.

3°. El *periespíritu*, la *envoltura fluida*, luminosa, que sirve de vínculo e intermediario entre el *Espíritu* y el cuerpo.

Cuando la cubierta exterior se desgasta y ya no puede funcionar, cae y el *Espíritu* se despoja de ella, como el fruto lo hace de su cáscara o el árbol de su corteza; en otras palabras: como se deja un vestido viejo que ya no se usa. Esto es lo que se llama la muerte. Por lo tanto, la muerte no es otra cosa que la destrucción de la envoltura densa del *Espíritu* y sólo el cuerpo muere, pero el *Espíritu* no muere.

Durante la vida, el *Espíritu* está de alguna manera, como comprimido por los lazos de la materia a la que está unido y que muchas veces paraliza sus facultades y a la muerte del cuerpo, se libera de sus ataduras; se libera de ellas y recupera su libertad, como la mariposa que emerge de su crisálida. Pero sólo sale del cuerpo material; porque conserva el *periespíritu* que constituye una especie de cuerpo etéreo, vaporoso, imponderable para nosotros y de forma humana, que parece tener una forma típica.

En su estado normal, el *periespíritu* es invisible, pero el *Espíritu* puede hacerle sufrir ciertas modificaciones que lo hagan momentáneamente accesible a la vista e incluso al tacto, como sucede con el vapor condensado y así es como a veces pueden mostrarse a nosotros en apariciones.

Es con la ayuda del *periespíritu*, que el *Espíritu* actúa sobre la materia inerte y produce los diversos fenómenos de ruido, movimiento, escritura, etc. Los golpes y los movimientos son para los *espíritus*, medios de dar testimonio de su presencia y de llamar la atención sobre ellos, como cuando alguien llama a la puerta para advertir que está fuera. Los hay que no se limitan a ruidos moderados, sino que llegan incluso a provocar un estrépito como el de los platos al romperse, el de las puertas al abrirse y cerrarse o el de los muebles al volcarse.

Con la ayuda de los golpes y movimientos convencionales, podían expresar sus pensamientos, pero *la escritura* les ofrece el medio más completo, más rápido y más cómodo; por lo que es el medio que prefieren. Por la misma razón que pueden formar trazos, pueden guiar la mano para trazar dibujos, escribir música, interpretar una pieza en un instrumento, en una palabra, a falta de su propio cuerpo, que ya no tienen, utilizan el del *médium*, para manifestarse a los hombres de manera sensible.

Los *espíritus*, también pueden manifestarse de varias maneras, a través de la vista y del oído. Ciertas personas, llamadas *médiums auditivos*, tienen la capacidad de oírlos y así pueden conversar con ellos; otros los ven y son los llamados: *médiums*

clarividentes. Los *espíritus* que se manifiestan a la vista, generalmente se presentan en una forma similar a la que tuvieron durante su vida, pero vaporosos; otras veces, esta forma tiene todas las apariencias de un ser vivo, hasta el punto de parecer completamente vivos y en ocasiones se les han tomado por personas de carne y hueso, con las que se ha podido hablar e intercambiar ideas y apretones de manos, sin sospechar que se estaba tratando con *espíritus*, excepto por su repentina desaparición.

La visión permanente y general de los *espíritus*, es muy rara, pero las apariciones individuales son bastante frecuentes, especialmente en el momento de la muerte; donde el *Espíritu liberado* parece apresurarse para ir a ver a sus padres y amigos nuevamente, como para advertirles que acaba de dejar la tierra y decirles que aún vive. Que cada cual recopile sus recuerdos y verá cuántos hechos auténticos de este tipo, de los que no tuvo conocimiento, tuvieron lugar no sólo de noche, durante el sueño, sino a plena luz del día y en estado de vigilia. Antiguamente, estos hechos eran considerados sobrenaturales y maravillosos y se atribuían a la magia y la brujería; pero hoy los incrédulos los achacan a la imaginación; aunque la *ciencia espiritista* nos ha dado la clave y sabemos cómo se producen y que no van más allá del orden de ser unos *fenómenos naturales*.

Al principio, creíamos que los *espíritus*, simplemente por ser *espíritus*, debían tener un conocimiento y una sabiduría soberanos, pero este es un error que la experiencia no ha tardado en demostrar. Entre las comunicaciones dadas por los *espíritus*, hay algunas que son sublimes en profundidad, elocuencia, sabiduría, moralidad y que respiran sólo bondad y benevolencia; pero, también las hay muy vulgares, ligeras, algunas triviales, algunas incluso toscas y a través de las cuales el *Espíritu* revela los instintos más perversos. Es, pues, evidente que no pueden emanar de la misma fuente y que, si hay *espíritus buenos*, también los hay *malos*.

Como los espíritus no son más que las *almas de los hombres*, naturalmente no pueden llegar a ser perfectos simplemente abandonando sus cuerpos y hasta que hayan *progresado*, conservarán las imperfecciones de su vida corporal; por eso los encontramos de todos los grados de bondad y maldad, de conocimiento e ignorancia.

Los *espíritus,* generalmente se comunican con placer y es para ellos una satisfacción ver que no han sido olvidados y describen de buena gana sus impresiones al dejar la tierra, su nueva situación, la naturaleza de sus alegrías y sus sufrimientos en el mundo en el que se encuentran; unos son muy felices, otros infelices y algunos incluso soportan horribles tormentos, según la forma en la que han vivido y el uso bueno o malo, útil o inútil que han hecho de la vida. Observándolos en todas las fases de su nueva existencia, según la posición que ocuparon en la tierra, su tipo de muerte, su carácter y sus hábitos de hombres, llegamos a un conocimiento, si no completo, al menos bastante preciso del mundo invisible, para poder llegar a comprender nuestro estado futuro y prever el destino feliz o infeliz que allí nos espera.

Las instrucciones dadas por los *espíritus de orden superior,* sobre todos los temas que interesan a la humanidad, las respuestas que dieron a las preguntas que les fueron propuestas, recogidas y coordinadas con esmero, constituyen toda una ciencia,

toda una moral y una doctrina filosófica bajo el nombre de *Espiritismo*. El *Espiritismo* es por lo tanto: *la doctrina basada en la existencia, manifestaciones y enseñanza de los espíritus.*

Esta doctrina está presentada de manera completa en el *"Libro de los espíritus"*, para su parte filosófica, en el *"Libro de los Médiums"*, para la parte práctica y experimental, y en el *"Evangelio según el Espiritismo"*, para la parte moral.

Podremos juzgar, por el análisis que haremos a continuación de estas obras[1], la variedad, la extensión y la importancia de los temas que abarcan.

Como hemos visto, el *Espiritismo* tuvo su punto de partida en el fenómeno vulgar de las *mesas giratorias*; pero como estos hechos hablan más a los ojos que a la inteligencia, como despiertan más curiosidad que sentimiento, cuando la curiosidad quedó satisfecha, nos interesaron tanto menos porque no los comprendimos. Pero no ocurrió lo mismo cuando la teoría vino a explicar la causa; cuando vimos que de estas *mesas giratorias*, de las que habíamos disfrutado por un momento, surgía toda una *doctrina moral* que hablaba al *alma*, disipaba las inquietudes de la duda, satisfacía todas las aspiraciones con una enseñanza sobre el futuro de la humanidad y cuando la gente seria, acogió la nueva doctrina como una bendición.

Desde entonces, lejos de declinarse, creció con increíble rapidez y en pocos años ha reunido en todos los países del mundo y especialmente entre los ilustrados, a innumerables partidarios que aumentan cada día en proporción extraordinaria, de manera que hoy podemos decir que el *Espiritismo* ha conquistado su derecho de ser ciudadano; está asentado

1. Ver capítulo final sobre las obras de Allan Kardec

sobre bases que desafían los esfuerzos de sus adversarios más o menos interesados en combatirlo y la prueba es que los ataques y las críticas, no han frenado ni un solo momento su avance, sino que es un hecho adquirido por la experiencia y cuyos oponentes nunca han podido dar razones.

Los *espíritas* (defensores y practicantes del *espiritismo*) simplemente dicen que si se difunde a pesar de las críticas es porque nos parece bueno y preferimos su razonamiento al de sus oponentes.

El *Espiritismo*, sin embargo, no es un descubrimiento moderno; los hechos y principios en los que se basa se pierden en la noche de los tiempos, porque encontramos huellas de ellos en las creencias de todos los pueblos, en todas las religiones, en la mayoría de los textos de escritores sagrados y profanos; sólo que los hechos, observados de manera incompleta, han sido interpretados a menudo según las ideas supersticiosas de la ignorancia y no se han deducido todas las consecuencias.

En efecto, el *Espiritismo* se basa en la existencia de los *espíritus*, pero siendo los *espíritus* nada menos que las *almas* de los hombres; desde que existen los hombres, existen los *espíritus* y el Espiritismo ni los descubrió ni los inventó.

Si las *almas* o *espíritus,* pueden manifestarse a los vivos, es porque esto es así por su naturaleza y por lo tanto, así debieron haberlo hecho en todo momento y también en todo tiempo y en todas partes encontramos pruebas de estas manifestaciones, que abundan especialmente en los relatos bíblicos.

Lo que es moderno, es la explicación lógica de los hechos, el conocimiento más completo de la naturaleza de los *espíritus*, de su papel y de su modo de acción, la revelación de nuestro estado futuro y finalmente su constitución como cuerpo de ciencia y de doctrina y sus diversas aplicaciones. Los antiguos conocían el principio, pero los modernos conocen los detalles. En la antigüedad, el estudio de estos fenómenos era privilegio de ciertas castas que sólo los revelaban a quienes se iniciaban en sus misterios; en la Edad Media, quienes supuestamente se ocupaban de ello eran considerados brujos y eran quemados; pero hoy ya no hay misterios para nadie, ya nadie es quemado; todo sucede a plena luz del día y cada cual puede iluminarse y practicar, porque los *médiums* se encuentran en todas partes.

La misma doctrina que los *espíritus* enseñan hoy, no es nada nuevo; la encontramos en fragmentos entre la mayoría de los filósofos de la India, Egipto y Grecia y enteramente en las enseñanzas de Cristo. ¿Qué aporta entonces el *Espiritismo*?

Confirma nuevos testimonios, demuestra con hechos verdades poco conocidas o mal comprendidas y restablece en su *verdadero significado* aquellas que han sido mal interpretadas.

El *Espiritismo* no enseña nada nuevo, es verdad; pero ¿no es acaso importante probar de manera patente e irrefutable la existencia del alma, su supervivencia del cuerpo, su individualidad después de la muerte, su inmortalidad, sus castigos y recompensas futuras?

¡Cuántas personas creen en estas cosas, pero creen en ellas con un vago motivo ulterior de incertidumbre y se dicen en el fondo de su corazón: "¡Ojalá no fuera así!

¡Cuántos han sido llevados a la incredulidad porque el futuro se les presentaba en un aspecto que su razón no podía aceptar!

¿No es importante para el creyente vacilante

poder decirse a sí mismo: "¡Ahora estoy seguro!?

¿Para los ciegos no es importante volver a ver la luz?

Por los hechos y por su lógica, el *Espiritismo* disipa la ansiedad de la duda y devuelve a la fe a quienes se habían extraviado de ella; al revelarnos la existencia del *mundo invisible* que nos rodea y en medio del cual vivimos sin sospecharlo; nos hace conocer, por el ejemplo de quienes han vivido, las condiciones de nuestra futura felicidad o desgracia y nos explica la causa de nuestros sufrimientos aquí abajo y los medios para aliviarlos.

Su propagación, resultará inevitablemente en la destrucción de doctrinas materialistas que no pueden resistir la evidencia.

El hombre, convencido de la grandeza y la importancia de su existencia futura, que es eterna, la compara con la incertidumbre de la vida terrenal, que es tan corta y se eleva a través del pensamiento, por encima de las mezquinas consideraciones humanas y conociendo la causa y el fin de sus miserias, las soporta con paciencia y resignación, porque sabe que son un medio para llegar a un estado mejor.

El ejemplo de quienes vienen del más allá para describir sus alegrías y sus tristezas, probando la realidad de la vida futura, prueba al mismo tiempo que la justicia de Dios, no deja ningún vicio sin castigo y a ninguna virtud sin recompensa. Por último, agreguemos que las comunicaciones con nuestros seres queridos que hemos perdido, brindan un dulce consuelo al demostrar no sólo que existen, sino que estamos menos separados de ellos que si estuvieran vivos y en un país extranjero.

En resumen, el *Espiritismo* suaviza la amargura de los dolores de la vida; calma la desesperación y

las agitaciones del alma, disipa las incertidumbres o los terrores del futuro y detiene el pensamiento de acortar la vida mediante el suicidio; por este mismo hecho, hace felices a quienes lo aprenden y éste es el gran secreto de su rápida propagación.

Desde el punto de vista religioso, el *Espiritismo* se fundamenta en las verdades fundamentales de todas las religiones: *Dios, el alma, la inmortalidad, los castigos y recompensas futuras*; pero es independiente de cualquier culto en particular. Su objetivo es demostrar a quienes niegan o dudan que el *alma* existe, que sobrevive al cuerpo; que después de la muerte sufre las consecuencias del bien y del mal que hizo durante la vida corporal y esto es cierto para todas las religiones.

El *Espiritismo*, como creencia en los espíritus, está igualmente presente en todas las religiones, así como en todos los pueblos ya que donde hay hombres, hay almas o espíritus y las manifestaciones ocurren en todos los tiempos y la historia de ellas se encuentra en todas las religiones sin excepción. Podemos entonces ser católicos, griegos o romanos, protestantes, judíos o musulmanes y creer en las manifestaciones de los *espíritus* y en consecuencia ser espíritas; la prueba es que el *Espiritismo* tiene adeptos en todas las sectas y religiones.

Como moral es esencialmente cristiana, porque lo que enseña es sólo el desarrollo y aplicación de la moral de Cristo, la más pura de todas y cuya superioridad no es cuestionada por nadie, prueba evidente de que es ley de Dios; sin embargo, la moralidad es para uso de todos.

Como el *Espiritismo* es independiente de cualquier forma de culto, no prescribe ninguno y no trata de dogmas particulares, no es una religión especial, porque no tiene sacerdotes ni templos. A quienes le preguntan si hacen bien en seguir tal o cual práctica, responde: si crees que tu conciencia está comprometida a hacerlo, hazlo, Dios siempre tiene en cuenta la intención. En una palabra, no se impone a nadie; no está dirigido a aquellos que tienen fe y para quienes esta fe es suficiente, sino a la numerosa categoría de los inciertos y los incrédulos; no los saca de la Iglesia, ya que se han separado moralmente de ella en todo o en parte y les hace recorrer las tres cuartas partes del camino para volver a entrar en ella; pero depende de ellos hacer el resto.

El *Espiritismo* combate, es cierto, ciertas creencias como la eternidad de los castigos, el fuego material del infierno, la personalidad del diablo, etc.; ¿Pero no es cierto que estas creencias, impuestas como absolutas, siempre han creado incrédulos y lo hacen todos los días?

Si el *Espiritismo*, al dar una interpretación racional a estos dogmas y a algunos otros, hace volver a la fe a quienes la abandonan, ¿no es un servicio a la religión?

También un venerable eclesiástico decía sobre este tema: *"El Espiritismo hace creer en algo; ahora bien, es mejor creer en algo que no creer en nada"*.

Como los *espíritus* no son más que *almas*, no podemos negarlos sin negar el alma. Admitidas las *almas* o *espíritus*, la cuestión reducida a su expresión más simple es ésta: *¿Pueden las almas de los que han muerto comunicarse con los vivos?*

El Espiritismo prueba su afirmación mediante hechos materiales; ¿Qué pruebas se pueden dar de que esto no es posible?

Si esto es cierto, todas las negaciones del mundo no impedirán que esto suceda, porque no es ni un sistema ni una teoría, sino una *ley de la naturaleza*; ahora bien, contra las leyes de la naturaleza, la voluntad del hombre es impotente; voluntaria o involuntariamente, debemos aceptar las consecuencias y adaptar nuestras creencias y hábitos a ellas.

II
Resumen de la enseñanza de los espíritus

1. Dios es la *inteligencia suprema*, la causa primera de todas las cosas.

Dios es eterno, único, inmaterial, inmutable, todopoderoso, soberanamente justo y bueno. Debe ser infinito en todas sus perfecciones, porque si asumiéramos que sólo uno de sus atributos es imperfecto, ya no sería Dios.

2. Dios creó la materia que constituye los mundos; también creó los seres inteligentes a los que llamamos *espíritus*, encargados de administrar los mundos materiales según las leyes inmutables de la creación y que son perfectibles por su naturaleza. Al perfeccionarse, se acercan a la Divinidad.

3. El *Espíritu*, propiamente hablando, es el *principio inteligente*; su naturaleza íntima nos es desconocida; para nosotros es irrelevante, porque no tiene analogía con lo que llamamos *materia*.

4. Los *espíritus* son seres individuales; tienen una envoltura etérea, imponderable, llamada *periespíritu*, una especie de cuerpo fluídico, modelo de la forma humana. Pueblan espacios, que recorren a la velocidad del rayo y constituyen el mundo invisible.

5. El origen y modo de creación de los *espíritus* nos son desconocidos; sólo sabemos que fueron cre-

ados simples e ignorantes, es decir sin ciencia y sin conocimiento del bien y del mal, pero con igual aptitud para todo, porque Dios, en su justicia, no pudo liberar a unos parte del trabajo que le hubiera impuesto a otros para alcanzar la perfección. Al principio, se encuentran en una especie de infancia sin voluntad propia y sin perfecta conciencia de su existencia.

6. El *libre albedrío* se desarrolla en los *espíritus* al mismo tiempo que las ideas, Dios les dice: *"Todos podéis reclamar la felicidad suprema, cuando hayáis adquirido los conocimientos que os faltan y cumplido la tarea que os impongo. Así que trabaja en tu avance; ésta es la meta: la alcanzarás siguiendo las leyes que he grabado en tu conciencia"*.

Como consecuencia de su libre albedrío, algunos toman el camino más corto, que es el del bien y otros el más largo, que es el del mal.

7. Dios no creó el mal; ha establecido leyes y estas leyes son siempre buenas, porque él es soberanamente bueno; el que las observara fielmente sería perfectamente feliz; pero los *espíritus*, teniendo *libre albedrío,* no siempre las observaron y de su desobediencia les resultó el mal. Podemos decir, por lo tanto, que es bueno todo lo que está conforme a la ley de Dios y malo todo lo que es contrario a esta misma ley.

8. Para contribuir, como agentes del poder divino, al trabajo de los mundos materiales, los *espíritus* toman temporalmente un cuerpo material. Mediante el trabajo que exige su existencia corporal, perfeccionan su inteligencia y adquieren, observando la ley de Dios, los méritos que deben conducirles a la felicidad eterna.

9. La encarnación no fue impuesta al *Espíritu,*

en principio, como castigo; es necesaria para su desarrollo y la realización de las obras de Dios y todos deben sufrirla, ya sea que tomen el camino del bien o el del mal; pero sólo quien sigue el camino del bien, avanzando más rápidamente, tarda menos en llegar a la meta y llega a ella en condiciones menos dolorosas.

10. Los *espíritus encarnados*, constituyen la humanidad, que no se limita a la Tierra, sino que puebla todos los mundos esparcidos por el espacio.

11. El alma del hombre es un *Espíritu encarnado*. Para ayudarle en el cumplimiento de su tarea, Dios le dio, como auxiliares, los animales que le están sujetos y cuya inteligencia y carácter son proporcionados a sus necesidades.

12. La perfección del *Espíritu*, es fruto de su propia obra y es incapaz, en una sola existencia corporal, de adquirir todas las cualidades morales e intelectuales que deberían conducirle a la meta, llega a ella a través de una *sucesión de existencias*, en cada una de las cuales da algunos pasos hacia adelante en el camino del progreso.

13. A cada existencia corporal, el *Espíritu* debe proporcionar una tarea adecuada a su desarrollo; cuanto más tosca y laboriosa sea, más mérito tendrá el realizarla. Cada existencia es pues, una prueba que le acerca a la meta. El número de estas existencias es indeterminado. Depende de la voluntad del *Espíritu* acortarla, trabajando activamente hacia su perfección moral; así como depende de la voluntad del trabajador que debe realizar un trabajo, el acortar el número de días que utiliza para realizarlo.

14. Cuando una existencia ha sido mal utilizada, resulta sin provecho para el *Espíritu*, que debe recomenzar de nuevo, en condiciones más o menos

dolorosas por su negligencia y su mala voluntad; al igual que como, en la vida, podemos vernos obligados a hacer al día siguiente lo que no hicimos el día anterior o a rehacer lo que hicimos mal.

15. La *vida espiritual* es la vida normal del *Espíritu*: es *eterna*; la *vida corporal* es *transitoria* y *fugaz*: es sólo un instante en la eternidad.

16. En el *intervalo de sus existencias corporales*, el *Espíritu* vaga. La erraticidad no tiene una duración fija; en este estado la mente es feliz o infeliz, según el buen o mal uso que haya hecho de su última existencia; estudia las causas que aceleraron o retrasaron su avance; toma las resoluciones que buscará poner en práctica en su próxima encarnación y ella misma elige las pruebas que cree más adecuadas para su avance: pero a veces se equivoca o sucumbe al no cumplir las resoluciones que como *Espíritu* tomó y como ser humano realizó.

17. El *Espíritu culpable*, es castigado con el *sufrimiento moral* en el mundo de los *espíritus* y con *castigo físico* en la vida corporal. Sus aflicciones son consecuencia de sus faltas, es decir, de su violación de la ley de Dios; para que sean a la vez expiación del pasado y prueba del futuro. De esta forma, el orgulloso puede tener una existencia de humillación, el tirano de servidumbre y el malvado rico de miseria.

18. Hay mundos apropiados a los diferentes grados de avance de los *espíritus* y donde la existencia corporal se encuentra en condiciones muy diferentes. Cuanto menos avanzado es el *Espíritu*, más pesados y materiales son los cuerpos que adopta y a medida que se purifica, pasa a mundos superiores moral y físicamente. La Tierra no es ni el primero ni el último, sino uno de los más atrasados.

19. Los *espíritus culpables*, se encarnan en los

mundos menos adelantados, donde expían sus faltas mediante las tribulaciones de la vida material. Estos mundos son para ellos verdaderos purgatorios, pero de ellos depende salir trabajando por su avance moral. La Tierra es uno de estos mundos.

20. Dios, siendo soberanamente justo y bueno, no condena a sus criaturas a castigos perpetuos por faltas temporales y siempre les ofrece formas de progresar y reparar el daño que hayan podido causar.

Dios perdona, pero exige arrepentimiento, reparación y retorno al bien; de modo que la duración del castigo es proporcional a la persistencia del *Espíritu* en el mal y en consecuencia, el castigo sería eterno para aquél que permanece eternamente en el mal camino; pero, tan pronto como un rayo de arrepentimiento entra en el corazón del culpable, Dios le extiende su misericordia. La eternidad del castigo también debe entenderse en sentido relativo y no en sentido absoluto.

21. Los *espíritus*, al encarnar, traen consigo lo que adquirieron en sus existencias anteriores; ésta es la razón por la que los hombres muestran instintivamente aptitudes especiales, inclinaciones buenas o malas que parecen innatas en ellos.

Las malas inclinaciones naturales, son restos de las imperfecciones del *Espíritu* y de las que éste no se ha despojado del todo; estos son también los indicios de las faltas que cometió y del verdadero pecado original. Con cada existencia debe limpiarse de algunas impurezas.

22. El *olvido de existencias anteriores*, es una bendición de Dios que en su bondad, quiso ahorrar al hombre recuerdos a menudo dolorosos. Con cada nueva existencia, el hombre es lo que él mismo hizo; es para él un nuevo punto de partida, conoce sus

defectos actuales; sabe que esas faltas son la continuación de las que tuvo y de ello concluye el mal que pudo haber cometido, por lo que eso le basta para trabajar en corregirse. Si alguna vez tuvo defectos que ya no tiene, no necesita preocuparse por ellos; le basta con sus imperfecciones actuales.

23. Si el alma no ha vivido ya, es porque ha sido creada al mismo tiempo que el cuerpo; en este supuesto, no puede tener relación con los cuerpos que le precedieron. Nos preguntamos entonces cómo Dios, que es soberanamente justo y bueno, pudo haberla hecho responsable de la culpa del padre del género humano, contaminándola con un pecado original que ella no cometió. Al decir, por el contrario, que al renacer trae el germen de las imperfecciones de sus existencias anteriores; que sufre en la existencia actual las consecuencias de sus faltas pasadas, se da una explicación lógica del pecado original que todos pueden entender y aceptar, porque el alma sólo es responsable de sus propias obras.

24. La diversidad de aptitudes innatas, morales e intelectuales, es prueba de que el alma ya ha vivido; si hubiera sido creada al mismo tiempo que el cuerpo actual, no sería conforme a la bondad de Dios haber hecho uno más avanzado que el otro. ¿Por qué hay salvajes y civilizados, gente buena y gente mala, tontos y gente inteligente? Al decir que unos han vivido más que otros y han adquirido más experiencias, se explica todo.

25. Si la existencia actual fuera la única y sola tuviera que decidir el futuro del alma para la eternidad, ¿cuál sería el destino de los niños que mueren a una temprana edad? Al no haber hecho ni el bien ni el mal, no merecen ni recompensa ni castigo. Según la palabra de Cristo, siendo cada uno recom-

pensado según sus obras, no tienen derecho a la perfecta felicidad de los ángeles, ni merecen ser privados de ella. Por eso decimos que podrán, en otra existencia, lograr lo que no pudieron hacer en la que fue acortada y sin excepciones.

26. Por la misma razón, ¿cuál sería la suerte de los imbéciles y los idiotas? Al no tener conciencia del bien y del mal, no tienen responsabilidad por sus acciones. ¿Sería justo y bueno Dios, al haber creado almas estúpidas para dedicarlas a una existencia miserable y descompensada? Se admite, por el contrario, que el alma del imbécil y del idiota, es un *Espíritu* en castigo en un cuerpo incapaz de expresar sus pensamientos, donde es como un hombre fuerte preso de ataduras, por lo que ya no le quedará nada que sea consistente con la justicia de Dios.

27. En sus sucesivas encarnaciones, el *Espíritu*, habiéndose despojado gradualmente de sus impurezas y perfeccionado mediante el trabajo, llega al fin de sus existencias corporales; entonces pertenece al orden de los *espíritus* puros o ángeles y disfruta tanto de la vida completa de Dios como de la felicidad pura por la eternidad.

28. Estando los hombres en expiación en la tierra, Dios, como buen padre, no los deja solos sin guías. Tienen primero sus *espíritus protectores* o *ángeles guardianes*, que velan por ellos y se esfuerzan por conducirlos por el camino correcto; luego tienen *espíritus* en misión en la tierra, *espíritus Superiores* que de vez en cuando encarnan entre ellos para iluminar el camino de su trabajo y hacer avanzar a la humanidad. Aunque Dios ha grabado su ley en la conciencia del ser humano, ha considerado necesario formularla de manera explícita; por lo que primero les envió a *Moisés*; pero las *leyes de Moisés*

eran apropiadas para los hombres de su tiempo y sólo les habló de la vida terrenal, de castigos y recompensas temporales. Entonces, Cristo vino a completar la *ley de Moisés,* con una enseñanza superior: la *pluralidad de existencias*[1], la vida espiritual, las penas y recompensas morales. *Moisés* los guió por el *temor, Cristo* por el *amor* y la *caridad.*

29. El *Espiritismo,* mejor comprendido, hoy añade para los incrédulos, pruebas a la teoría; prueba el futuro con hechos patentes y dice en términos claros e inequívocos, lo que *Cristo* dijo en parábolas; explica verdades desconocidas o mal interpretadas; revela la existencia del *mundo invisible* o de los *espíritus,* e inicia al hombre en los misterios de la vida futura; viene a combatir el materialismo, que es una rebelión contra el poder de Dios, llegando finalmente a establecer entre los hombres el reino de la caridad y de la solidaridad anunciado por Cristo. *Moisés* aró, *Cristo* sembró, el *Espiritismo* viene a cosechar[2].

30. El *Espiritismo* no es una luz nueva, sino una luz más deslumbrante, porque surge de todos los puntos del globo a través de quienes han vivido. Al hacer evidente lo que estaba oscuro, pone fin a las interpretaciones erróneas y debe unir a los hombres a la misma creencia, porque hay un solo Dios y sus leyes son las mismas para todos y marca finalmente la era de los tiempos predichos por *Cristo* y los profetas

31. Los males que afligen a los hombres en la tierra son causados por la soberbia, el egoísmo y todas las malas pasiones. A través del contacto con

1. Evang. San Mateo, cap. XVII, v. 10 y siguientes. San Juan, cap. III, V. 2 y siguientes.
2 Para más datos, consultar: "El evangelio según el espiritismo" (editorial ELA).

sus vicios, los hombres se hacen recíprocamente infelices y se castigan mutuamente. Que la caridad y la humildad, reemplacen al egoísmo y al orgullo y entonces ya no buscarán hacerse daño unos a otros; respetarán los derechos de todos y harán que reine entre ellos la armonía y la justicia.

32. Pero ¿cómo podemos destruir el egoísmo y el orgullo que parecen innatos en el corazón humano? El egoísmo y la soberbia, están en el corazón del hombre, porque los hombres son espíritus que han seguido el camino del mal desde el principio y que han sido desterrados a la tierra como castigo por estos mismos vicios, por lo cual, éste sigue siendo el pecado original del que muchos no se han librado. A través del *Espiritismo*, Dios viene a hacer un último llamamiento a la práctica de la ley enseñada por *Cristo*: *la ley del amor y de la caridad.*

33. Habiendo surgido la tierra en el tiempo señalado, para convertirse en un lugar de felicidad y paz, Dios no quiere que los *espíritus* malos encarnados, sigan trayendo allí perturbaciones en detrimento de los buenos; por eso tendrán que desaparecer. Irán a expiar sus durezas a mundos menos avanzados, donde trabajarán nuevamente en su superación en una serie de existencias aún más infelices y dolorosas que en la tierra.

Y formarán en estos mundos una nueva raza más iluminada, cuya tarea será hacer avanzar a los seres atrasados que los habitan, con la ayuda de sus conocimientos adquiridos. Sólo surgirán para un mundo mejor cuando lo hayan merecido y esto se repetirá sucesivamente, hasta haber alcanzado la purificación completa. Si la tierra fuera para ellos un purgatorio, estos mundos serán su infierno, pero un infierno en el que nunca se destierra la esperanza.

34. Mientras que la *generación proscrita* desaparecerá rápidamente, está surgiendo una *nueva generación* cuyas creencias se basarán en el *Espiritismo cristiano*. Asistimos a la transición que se está produciendo, preludio de la renovación moral cuyo advenimiento marca el *Espiritismo*.

Máximas extraídas
de las enseñanzas de los espíritus

35. El fin esencial del *Espiritismo,* es el perfeccionamiento de los hombres. Sólo debemos buscar aquello que pueda ayudar al *progreso moral e intelectual.*

36. El verdadero *espírita,* no es el que cree en las manifestaciones, sino el que se aprovecha de las enseñanzas dadas por los *espíritus.* No tiene sentido creer, si la creencia no te hacer dar un paso adelante en el camino del progreso y no hace a cada uno mejor para el prójimo.

37. El egoísmo, la soberbia, la vanidad, la ambición, la avaricia, el odio, la envidia, los celos y la calumnia, son hierbas venenosas para el alma de las que hay que arrancar cada día unas cuantas plantas y que tienen como contraveneno: *la caridad y la humildad.*

38. La creencia en el *Espiritismo,* sólo es beneficiosa para aquellos de quienes podemos decir: hoy es mejor que ayer.

39. La importancia que el hombre concede a los bienes temporales, es inversamente proporcional a su fe en la vida espiritual; es la duda sobre el futuro lo que le lleva a buscar sus alegrías en este mundo, satisfaciendo sus pasiones, aunque sea a costa del prójimo.

40. Las aflicciones en la tierra, son los remedios del alma; la guardan para el futuro, como una dolorosa operación quirúrgica salva la vida de un enfermo y le devuelve la salud. Por eso, *Cristo* dijo: *"Bienaventurados los afligidos, porque ellos serán consolados".*

41. En vuestras aflicciones, mirad hacia abajo y no hacia arriba; pensad en aquellos que sufren aún más que vosotros.

42. La desesperación, es natural para quien cree que todo termina con la vida del cuerpo, pero es un disparate para quien tiene fe en el futuro.

43. El ser humano, es muchas veces artífice de su propia desgracia aquí abajo; que vaya al origen de sus desgracias y verá que son en su mayor parte el resultado de su imprevisión, su orgullo y su codicia y en consecuencia, de su infracción de las *leyes de Dios.*

44. La oración, es un acto de adoración. Orar a Dios es pensar en él; es acercarse a él; es ponerse en comunicación con él.

45. El que ora con fervor y confianza, es más fuerte contra las tentaciones del mal y Dios le envía *buenos espíritus* para que le ayuden. Es una ayuda que nunca es rechazada, cuando se pide con sinceridad.

46. Lo principal no es rezar mucho, sino rezar bien. Algunas personas creen que todo el mérito está en la duración de la oración, mientras hacen la vista gorda ante sus propios defectos. La oración es para ellos una ocupación, un uso del tiempo, pero no un estudio de sí mismos.

47. El que pide a Dios perdón por sus faltas, sólo lo obtiene cambiando su conducta. Las buenas obras son las mejores oraciones, porque las acciones

hablan más que las palabras.

48. La oración, es recomendada por todos los *buenos espíritus* y es además, solicitada por todos los *espíritus imperfectos*, como medio para aliviar sus sufrimientos.

49. La oración, no puede cambiar los decretos de la Providencia; pero, al ver que la gente se interesa por ellos, los *espíritus* sufrientes se sienten menos abandonados; son menos infelices; les levanta el coraje, exalta en ellos el deseo de elevarse mediante el arrepentimiento y la reparación y puede alejarlos del pensamiento del mal. Es en este sentido, que no sólo puede aliviar, sino acortar su sufrimiento.

50. Que ore cada uno según sus convicciones y el modo que crea más adecuado, porque la forma es nada, el pensamiento lo es todo; la sinceridad y la pureza de intención, son las cosas esenciales; es mejor un buen pensamiento, que muchas palabras, que son como el ruido de un molino y donde el corazón nada tiene que ver.

51. Dios, hizo a los *hombres fuertes y poderosos* para que fueran apoyo de los débiles; los fuertes que oprimen a los débiles son maldecidos por Dios; muchas veces reciben el castigo en esta vida, sin perjuicio del futuro.

52. La *fortuna*, es un depósito cuyo poseedor sólo es usufructuario, ya que no se lo lleva consigo al sepulcro y dará cuenta severa del uso que ha hecho de ella.

53. La *fortuna*, es una prueba más resbaladiza que la pobreza, porque es una tentación al abuso y al exceso y es más difícil ser moderado que resignarse.

54. El ambicioso, que triunfa y el rico, que se deleita con los placeres materiales, son más dignos

de lástima que de envidia, porque hay que ver el retorno. El *Espiritismo*, a través de los terribles ejemplos de quienes han vivido y vienen a revelar su suerte, muestra la verdad de estas palabras de *Cristo*: *"El que se enaltece, será humillado y el que se humilla, será enaltecido"*.

55. La *caridad,* es la *ley suprema de Cristo*: *"Amaos unos a otros como hermanos; ama a tu prójimo como a ti mismo; perdona a tus enemigos; no hagas a los demás lo que no quisieras que te hicieran a ti"*; todo esto se resume en la palabra *caridad*.

56. La *caridad,* no está sólo en dar limosna, porque hay caridad en los pensamientos, las palabras y las obras. Es caritativo de pensamiento, el que se muestra indulgente con las faltas del prójimo; caritativo de palabra, quien no dice nada que pueda perjudicar al prójimo y caritativo en las acciones, quien ayuda al prójimo en la medida de sus fuerzas.

57. El pobre, que comparte su pedazo de pan con alguien más pobre que él, es más caritativo y tiene más mérito a los ojos de Dios, que el que da de lo que le sobra sin privarse de nada.

58. Tiene *falta de caridad,* quien alberga sentimientos de animosidad, odio, celos y rencor contra el prójimo y miente si se llama a sí mismo cristiano y además ofende a Dios.

59. Los seres humanos de todas las castas, de todas las sectas y de todos los colores, todos sois *hermanos,* porque Dios os llama a todos a sí; por lo tanto, extiende tu mano, cualquiera que sea tu manera de adorarlo y no te anatemes, porque el anatema es la violación de la ley de la caridad proclamada por Cristo.

60. Con el *egoísmo,* los hombres están en perpetua *lucha;* con la *caridad* estarán en *paz.* Por lo

tanto, la caridad, que constituye la base de sus instituciones, es la única que puede asegurar su felicidad en este mundo; según las palabras de *Cristo*, sólo ella puede asegurar también su felicidad futura, porque contiene implícitamente todas las virtudes que pueden conducirlas a la perfección.

Con la verdadera caridad, como Cristo la enseñó y practicó, no habrá más egoísmo, orgullo, odio, celos ni calumnias; ni más apego desordenado a los bienes de este mundo. Por eso el Espiritismo cristiano, tiene la máxima:

SIN CARIDAD, NO HAY SALVACIÓN.

Los incrédulos, podréis reíros de los *espíritus* y burlaros de los que creen en sus manifestaciones; pero reíros entonces, si os atrevéis, de esta máxima que vienen a enseñar y que es vuestra propia salvaguarda, porque si la caridad desapareciera de la tierra, los hombres se destrozarían unos a otros y vosotros seríais quizá las primeras víctimas.

No está lejano el tiempo en que esta máxima, proclamada abiertamente en nombre de los *espíritus*, sea garantía de seguridad y título de confianza para todos aquellos que la lleven grabada en el corazón. Un *Espíritu* dijo: "Se han burlado de las mesas giratorias; pero nunca se burlarán de la filosofía y la moral que de ello se deriva". Esto se debe a que, de hecho, hoy, después de sólo unos años, estamos lejos de estos primeros fenómenos que sirvieron por un momento de distracción a los ociosos y a los curiosos.

Si pensáis que esta moral está anticuada, si pensáis que: "Los *espíritus* deberían tener suficiente ingenio para darnos algo nuevo" (frase ingeniosa de

más de un crítico) ¡Cuánto mejor!

Si está desactualizada; esto prueba que ha existido a lo largo de los tiempos y los hombres son tanto más culpables de no haberla practicado, porque sólo hay verdades auténticas que son eternas y el *Espiritismo* viene a recordarlas, no por una revelación aislada hecha a un solo hombre, sino por la voz de los mismos *espíritus* que, como la trompeta final, vienen a gritarles: "Cree que aquellos a quienes llamas muertos no lo están. Están más vivos que tú, porque ven, lo que tú no ves y oyen, lo que tú no oyes. Reconoce, en quienes vienen a hablarte, a tus padres, a tus amigos y a todos aquellos que has amado en la tierra y que crees perdidos sin retorno".

¡Ay de los que creen que todo termina en el cuerpo, porque quedarán cruelmente desilusionados!

¡Ay de los que han faltado a la caridad, porque soportarán lo que han hecho soportar a los demás!

Escucha la voz de los que sufren y que vienen a decirte:

"Sufrimos porque hemos malinterpretado el poder de Dios y hemos dudado de su infinita misericordia; sufrimos por nuestro orgullo, nuestro egoísmo, nuestra avaricia y todas las malas pasiones, que no hemos podido reprimir; sufrimos todo el daño que hemos hecho a nuestros semejantes al olvidar la caridad".

¡Incrédulo!

¡Dime si una doctrina que enseña tales cosas, es ridícula, si es buena o mala! Considerándolo sólo desde el punto de vista del orden social, ¡dime si los seres humanos que lo practiquen, serán felices o infelices, mejores o peores!

Anexos:

Resumen de la ley de los fenómenos espíritistas

1. El *espiritismo* es a la vez una ciencia de observación y una doctrina filosófica. Como ciencia práctica, consiste en las relaciones que pueden establecerse con los *espíritus*; como filosofía, incluye todas las consecuencias morales que surgen de estas relaciones.

2. Los *espíritus* no son, como a menudo se imagina, seres aparte en la creación; son las almas de aquellos que han vivido en la tierra o en otros mundos. Las almas o los espíritus son, pues, una y la misma cosa; de lo cual se sigue que quien cree en la existencia del alma cree, por ese mismo hecho, en la de los *espíritus*. Negar a los *espíritus* sería negar el alma.

3. Generalmente tenemos una idea muy falsa de su estado; no son, como algunos creen, seres vagos e indeterminados, ni llamas como fuegos fatuos, ni fantasmas como en las historias de fantasmas. Son seres similares a nosotros, que tienen un cuerpo como el nuestro, pero fluido e invisible en el estado normal.

4. Cuando el alma se une al cuerpo durante la vida, tiene una doble envoltura: una pesada, tosca y destructible que es el cuerpo; la otra fluídica, ligera e indestructible llamado *periespíritu*. El *periespíritu*, es el vínculo que une el alma y el cuerpo; es a través de él que el alma hace actuar al cuerpo y que percibe las sensaciones que éste experimenta.

La unión del alma, el *periespíritu* y el cuerpo material constituye al hombre; el alma y el *periespíritu* separados del cuerpo constituyen el ser llamado *Espíritu*.

5. La muerte es la destrucción de la envoltura corporal; el alma abandona este envoltorio, como se abandona un vestido usado, o como la mariposa abandona su crisálida; pero conserva su cuerpo fluídico o *periespíritu*.

La muerte del cuerpo libera al *Espíritu* de la envoltura que lo ataba a la tierra y lo hacía sufrir y una vez liberado de esta carga, sólo le queda su cuerpo etéreo que le permite viajar por el espacio y atravesar distancias con la velocidad del pensamiento.

6. Los *espíritus*, pueblan el espacio; constituyen el mundo invisible que nos rodea, en medio del cual vivimos y con el que estamos constantemente en contacto.

7. Los *espíritus*, tienen todas las percepciones que tenían en la tierra, pero en un grado superior, porque sus facultades no están adormecidas por la materia. Tienen sensaciones que nos son desconocidas y ven y oyen cosas que nuestros sentidos limitados no nos permiten ver ni oír. Para ellos, no hay oscuridad, excepto aquellos cuyo castigo es estar

temporalmente en oscuridad. Todos nuestros pensamientos se reflejan en ellos y los leen como en un libro abierto; de modo que lo que pudimos ocultarle a alguien mientras estaba vivo, ya no podemos hacerlo una vez que es *Espíritu*.

8. Los *espíritus*, conservan los afectos que tenían en la tierra; les gusta volver con aquellos que han amado, especialmente cuando se sienten atraídos por los pensamientos y sentimientos cariñosos que les demuestran, mientras que son indiferentes ante quienes sólo sienten indiferencia hacia ellos.

9. Una idea bastante generalizada entre las personas que no conocen el *Espiritismo*, es creer que los *espíritus*, simplemente porque están libres de la materia, deben saberlo todo y poseer una sabiduría soberana. Esto es un grave error.

Como los *espíritus* son sólo las almas de los hombres, no han adquirido la perfección al abandonar su envoltura terrena. El progreso del *Espíritu*, sólo se realiza con el tiempo y sólo sucesivamente se desprende de sus imperfecciones y adquiere el conocimiento que le falta. Sería tan ilógico admitir que el espíritu de un salvaje o de un criminal se vuelva de repente erudito y virtuoso, como sería contrario a la justicia de Dios pensar que permanecerá perpetuamente en su inferioridad.

Así como hay hombres de todos los grados de conocimiento e ignorancia, de bondad y de maldad, así sucede con los *espíritus*. Hay algunos que son sólo frívolos y traviesos, otros que son mentirosos, engañosos, hipócritas, malvados y vengativos; otros, por el contrario, poseen las más sublimes virtudes y conocimientos en un grado desconocido en la tierra.

Esta diversidad en la calidad de los *espíritus*, es uno de los puntos más importantes a considerar, porque explica la naturaleza buena o mala de las comunicaciones que uno recibe. Es en distinguirlos que debemos centrarnos sobre todo. (Libro de los *espíritus* y Libro de los Médiums).

10. Los *espíritus* pueden manifestarse de muchas maneras diferentes: a través de la vista, del oído, del tacto, de los ruidos, del movimiento corporal, de la escritura, del dibujo, de la música, etc. Se manifiestan a través de personas dotadas de una aptitud especial para cada tipo de manifestación y que se distinguen bajo el nombre de *médiums*. Así, distinguimos entre *médiums* de ver, hablar, oír, sensibles, de efectos físicos, de dibujar, de mecanografiar, de escribir, etc. Entre los *médiums* escritores, hay muchas variedades, según la naturaleza de las comunicaciones que son capaces de recibir.

11. El fluido que compone el *periespíritu*, penetra todos los cuerpos y los atraviesa como la luz pasa por los cuerpos transparentes; no importa lo que se interponga en su camino. Por eso los *espíritus* penetran en todas partes, en los lugares más herméticamente cerrados. Es una idea ridícula, creer que entran por una pequeña abertura, como el ojo de una cerradura o el tubo de una chimenea.

12. El *periespíritu*, aunque invisible para nosotros en el estado normal, es no obstante una materia etérea. El *Espíritu* puede, en ciertos casos, hacerle sufrir una especie de modificación molecular que lo hace visible e incluso tangible. Así es como ocurren las apariciones. Este fenómeno no es más extraordi-

nario que el del vapor, que es invisible cuando está muy enrarecido y que se hace visible cuando se condensa.

Los *espíritus* que se hacen visibles casi siempre se presentan en las apariciones que tuvieron durante su vida y que pueden hacerlos reconocibles.

13. Fue con la ayuda de su *periespíritu*, que el *Espíritu* actuó sobre su cuerpo viviente y es también con este mismo fluido, que se manifiesta actuando sobre la materia inerte, que produce ruidos, movimientos de mesas y otros objetos que levanta, vuelca o transporta. Este fenómeno no es sorprendente, si consideramos que entre nosotros, los motores más potentes se encuentran en los fluidos más enrarecidos e incluso imponderables, como el aire, el vapor y la electricidad.

Es también con la ayuda de su *periespíritu*, que el *Espíritu* hace a los *médiums* escribir, hablar o dibujar; al no tener un cuerpo tangible para actuar ostentosamente cuando quiere manifestarse, utiliza el cuerpo del *médium*, cuyos órganos toma prestados y hace actuar como si fuera su propio cuerpo y esto por el efluvio fluídico que vierte sobre él.

14. En el fenómeno llamado *mesas móviles o parlantes*, es por el mismo medio que el *Espíritu* actúa sobre la mesa, ya sea para hacerla mover sin ningún sentido determinado, ya sea para hacerle dar golpes inteligentes indicando las letras del alfabeto, para formar palabras y frases, un fenómeno designado con el nombre detipología. La mesa, es aquí sólo un instrumento del que se sirve, como el lápiz para escribir y le da una vitalidad momentánea a través del fluido con el que lo penetra, pero no se identifica

con él. Las personas que, en su emoción, al ver aparecer a un ser querido, besan la mesa, están haciendo una cosa ridícula, pues es absolutamente como si estuvieran besando el bastón con el que un amigo está golpeando. Lo mismo ocurre con quienes se dirigen a la mesa, como si el *Espíritu* estuviera encerrado en la madera o como si la madera se hubiera convertido en *Espíritu*.

Cuando las comunicaciones se realizan por este medio, hay que imaginar al *Espíritu*, no en la mesa, sino junto a ella, tal como era durante su vida y como sería visto si en ese momento pudiese hacerse visible. La cuestión del memorándum, se da en las comunicaciones mediante la reescritura y veríamos al *Espíritu* junto al *médium*, dirigiendo su mano o transmitiéndole su pensamiento mediante una corriente fluídica.

15. Cuando la mesa se desprende del suelo y flota en el espacio sin un punto de apoyo, el *Espíritu* no la levanta con sus brazos, sino que la envuelve y la penetra con una especie de atmósfera fluídica que neutraliza el efecto de la gravedad, como lo hace el aire para los globos y las cometas. El fluido con el que se penetra, le confiere momentáneamente una mayor ligereza específica. Cuando se clava al suelo, se encuentra en un caso análogo al de la campana neumática bajo la cual se crea un vacío. Éstas son sólo comparaciones para mostrar la analogía de los efectos, no la similitud absoluta de las causas.

De aquí entendemos que no es más difícil para el *Espíritu* remover a una persona que remover una mesa, transportar un objeto de un lugar a otro o arrojarlo a alguna parte y estos fenómenos ocurren por la misma ley. Cuando la mesa persigue a alguien, no es el *Espíritu* quien corre, pues puede permanecer tranquilamente en el mismo lugar, sino quien le da el impulso mediante una corriente fluida con ayuda de la cual la hace moverse a voluntad. Cuando se oyen golpes en la mesa o en otro lugar, el *Espíritu* no golpea con la mano ni con ningún objeto; dirige un chorro de líquido hacia el punto de donde proviene el ruido, lo que produce el efecto de una descarga eléctrica. Modifica el ruido, al igual que se pueden modificar los sonidos que produce el aire.

16. La oscuridad necesaria para la producción de ciertos efectos físicos, sin duda se presta a sospechas y fraudes, pero no prueba nada contra la posibilidad del hecho. Sabemos que en la química hay combinaciones que no pueden ocurrir con la luz; que las composiciones y descomposiciones tienen lugar bajo la acción del fluido luminoso; Ahora bien, siendo todos los fenómenos espirituales el resultado de la combinación de los fluidos propios del *Espíritu* y del *médium* y siendo estos fluidos la materia, no hay nada sorprendente en el hecho de que, en ciertos casos, el fluido luminoso sea contrario a esta combinación.

17. Los *espíritus* superiores, sólo hacen comunicaciones inteligentes para nuestra instrucción. Las manifestaciones físicas o puramente aéreas, son más específicamente atribuidas a los *espíritus* inferiores, comúnmente designados con el nombre de *espíritus* golpeadores, así como, entre nosotros, las proezas de fuerza son obra de acróbatas y no de eruditos.

18. Los *espíritus* son libres y se manifiestan cuando quieren, a quien les conviene y también

cuando pueden, porque no siempre tienen la posibilidad. No están bajo el mando de nadie ni al capricho de nadie, y a nadie le está permitido obligarlos a venir contra su voluntad, ni obligarlos a decir lo que quieren callar; de manera que nadie puede afirmar que algún *Espíritu* acudirá a su llamado en un momento dado, o responderá a esta o aquella pregunta. Decir lo contrario es demostrar una absoluta ignorancia de los principios más elementales del Espiritismo y sólo la charlatanería tiene fuentes infalibles.

19. Hay personas que regularmente y de alguna manera, a voluntad, obtienen la producción de ciertos fenómenos; pero hay que notar que se trata siempre de efectos puramente físicos, más curiosos que instructivos y que ocurren constantemente en condiciones similares. Las circunstancias en que se obtienen son tales, que inspiran dudas tanto más legítimas sobre su realidad cuanto que generalmente son objeto de explotación y a menudo es difícil distinguir la verdadera mediumnidad de la prestidigitación. Fenómenos de esta clase, pueden sin embargo, ser producto de una verdadera mediumnidad, pues es posible que *espíritus* de nivel inferior, que tal vez practicaron esta profesión durante su vida, se complazcan en este tipo de exhibiciones; pero sería absurdo pensar que a los *espíritus* de alto rango les gusta presumir.

Esto no invalida de ningún modo el principio de la libertad de los *espíritus* y los que vienen de esta manera lo hacen porque les agrada, pero no porque estén obligados a hacerlo y desde el momento en que no les conviene venir, si el individuo es verdaderamente *médium*, no se producirá ningún efecto. Los *médiums* más poderosos con efectos físicos o de otro tipo tienen tiempos de interrupción que escapan a su control y los charlatanes nunca tienen ninguno. Además, estos fenómenos, suponiendo que sean reales, son sólo una aplicación muy parcial de la ley que rige las relaciones entre el mundo corpóreo y el mundo espiritual, pero no constituyen espiritualismo; de modo que su negación no invalidaría en modo alguno los principios generales de la doctrina.

20. Ciertas manifestaciones espirituales, se prestan con bastante facilidad a una imitación más o menos burda; pero como han sido explotadas, como tantos otros fenómenos, mediante juegos de manos y malabarismos, sería absurdo concluir que no existen. Para quien ha estudiado y conoce las condiciones normales en que pueden ocurrir, es fácil distinguir la imitación de la realidad. La imitación, además, nunca puede ser completa y sólo puede engañar a los ignorantes, incapaces de captar los matices característicos del verdadero fenómeno.

21. Las manifestaciones más fáciles de imitar son ciertos efectos físicos y efectos inteligentes vulgares, como los movimientos, los golpes, la escritura directa, las respuestas banales, etc. No ocurre lo mismo con las comunicaciones inteligentes de gran importancia o la revelación de cosas notoriamente desconocidas para el *médium*. Para imitar a los primeros, sólo se requiere habilidad; pero para simular a los segundos, casi siempre haría falta una educación poco común, una superioridad intelectual excepcional y una facultad de improvisación por así decirlo universal o bien el don de adivinación.

22. Las representaciones de fantasmas en los teatros, se han presentado erróneamente como si tuvieran conexiones con las apariciones de *espíritus*, de los cuales son sólo una imitación burda e imperfecta. Hay que ignorar los primeros elementos del Espiritismo, para encontrar allí la más mínima analogía y creer que es eso de lo que se trata en las reuniones espíritas. Los *espíritus* no se hacen visibles por orden de nadie, sino por voluntad propia y en condiciones especiales, que están más allá del poder de nadie para provocarlas.

23. Las evocaciones espirituales no consisten, como algunos imaginan, en resucitar a los muertos con el lúgubre aparato del sepulcro. Sólo en las novelas, en los cuentos fantásticos de fantasmas y en el teatro vemos a los muertos salir de sus tumbas, vestidos con sudarios y haciendo sonar sus huesos. El Espiritismo, que jamás ha hecho milagros, no ha hecho éste milagro más que otros, ni ha devuelto la vida a un muerto; cuando el cuerpo está en la tumba, está allí permanentemente; pero el ser espiritual, fluido e inteligente, no fue puesto allí con su envoltura burda; se separó de ella en el momento de la muerte y una vez producida la separación, no tiene nada más en común con ella.

24. La crítica maliciosa, se ha complacido en presentar las comunicaciones espiritistas como rodeadas de prácticas ridículas y supersticiosas de magia y nigromancia. Diremos simplemente que no hay días, horas ni lugares más favorables que otros, para comunicarse con los *espíritus*; que para evocarlos no se necesitan fórmulas ni palabras sacramentales o cabalísticas; que no es necesaria ninguna prepara-

ción ni iniciación; que el uso de cualquier signo u objeto material, ya sea para atraerlos o para repelerlos, es sin efecto y que el pensamiento es suficiente. Finalmente, que los *médiums* reciban sus comunicaciones tan sencilla y naturalmente como si fueran dictadas por una persona viva sin salir del estado normal. La charlatanería por sí sola podría afectar modales excéntricos y agregar accesorios ridículos.

La llamada a los *espíritus* se hace en nombre de Dios, con respeto y recogimiento; esto es lo único que se recomienda a las personas serias que quieren tener relaciones con *espíritus* serios.

25. Las comunicaciones inteligentes que uno recibe de los *espíritus*, pueden ser buenas o malas, correctas o incorrectas, profundas o ligeras, según la naturaleza de los *espíritus* que se manifiestan. Aquellos que demuestran sabiduría y conocimiento, son *espíritus* avanzados que han progresado; aquellos que demuestran ignorancia y malas cualidades, son *espíritus* aún atrasados, pero en quienes se progresará con el tiempo.

Los *espíritus* sólo pueden responder lo que saben, según sus progresos y además, lo que les es permitido decir, porque hay cosas que no deben revelar, porque aún no es dado a los hombres saberlo todo.

26. De la diversidad de cualidades y aptitudes de los *espíritus*, se sigue que no basta dirigirse a cualquier *Espíritu* para tener una respuesta correcta a cada pregunta, porque, sobre muchas cosas, sólo puede dar su opinión personal, lo cual puede ser correcto o incorrecto. Si es sabio, confesará su ignorancia de lo que no sabe; si es frívolo o mentiroso,

responderá todo sin importarle la verdad. Si es orgulloso, presentará su idea como una verdad absoluta. Sería pues imprudente y frívolo, aceptar sin control todo lo que viene de los *espíritus*. Por eso, es esencial estar informados sobre la naturaleza de aquellas personas con quienes tratamos. (Libro de los Médiums).

27. La calidad de los *espíritus* se reconoce por su lenguaje; la de los *espíritus* verdaderamente buenos y superiores, es siempre digna, noble, lógica y libre de contradicción; respira sabiduría, benevolencia, modestia y la más pura moralidad; es concisa y sin palabras inútiles. En los *espíritus* inferiores, ignorantes u orgullosos, el vacío de ideas se compensa casi siempre con la abundancia de palabras. Todo pensamiento manifiestamente falso, toda máxima contraria a la sana moral, todo consejo ridículo, toda expresión grosera, trivial o simplemente frívola, en fin, toda señal de malevolencia, de presunción o de arrogancia, son signos incontestables de la inferioridad en un *Espíritu*.

28. El fin providencial de las manifestaciones, es convencer a los incrédulos de que no todo termina para el hombre con la vida terrena y dar a los creyentes ideas más precisas sobre el futuro. Los buenos *espíritus*, vienen a instruirnos para nuestro mejoramiento y adelanto y no a revelarnos lo que aún no debemos saber o lo que sólo debemos aprender con nuestro trabajo. Si bastase interrogar a los *espíritus*, para obtener la solución de todas las dificultades científicas o para hacer descubrimientos e invenciones lucrativos, cualquier ignorante podría volverse erudito a bajo precio y cualquier perezoso podría enriquecerse sin dificultad. Esto es lo que

Dios no quiere. Los *espíritus*, ayudan al hombre de genio mediante la inspiración oculta, pero no lo eximen del trabajo ni de la investigación, para dejarle el mérito.

29. Sería una idea muy falsa sobre los *espíritus*, verlos como ayudantes de los adivinos. Los *espíritus* serios, se niegan a preocuparse por cosas triviales. Los *espíritus* frívolos y burlones, se ocupan de todo, responden a todo y predicen todo lo que se quiere, sin preocuparse de la verdad, encontrando un placer malicioso, en mistificar a las personas demasiado crédulas. Por eso, es esencial tener perfectamente claro cuál es la naturaleza de las preguntas que podemos dirigir a los *espíritus*. (Libro de los Médiums: Preguntas que pueden dirigirse a los *espíritus*).

30. Las manifestaciones, no tienen por lo tanto el objeto de servir a intereses materiales, cuyo cuidado se deja a la inteligencia, al juicio y a la actividad del hombre. Sería en vano, intentar utilizarlos para conocer el futuro, descubrir tesoros escondidos, recuperar herencias o encontrar formas de enriquecerse. Su utilidad, reside en las consecuencias morales que de ellas se derivan; pero si sólo resultara en dar a conocer una nueva ley de la naturaleza, en demostrar materialmente la existencia del alma y su inmortalidad, eso ya sería mucho, porque abriría un amplio y nuevo camino a la filosofía.

31. De estas pocas palabras, se desprende que las manifestaciones espirituales, cualquiera que sea su naturaleza, no tienen nada de sobrenatural ni de maravilloso. Se trata de fenómenos que se producen

en virtud de la ley que rige las relaciones entre el mundo corpóreo y el mundo espiritual, una ley tan natural como la de la electricidad, la de la gravitación, etc. El *espiritismo* es la ciencia que nos hace conocer esta ley, así como la mecánica nos hace conocer la ley del movimiento y la óptica la de la luz. Las manifestaciones espirituales, estando en la naturaleza, han ocurrido en todas las épocas y el conocimiento de la ley que los rige nos explica un conjunto de problemas considerados insolubles; es la clave de una multitud de fenómenos explotados y amplificados por la superstición.

32. Eliminado por completo lo maravilloso, estos fenómenos ya no tienen nada de repugnante a la razón, pues pasan a ocupar su lugar junto a otros fenómenos naturales. En los tiempos de la ignorancia, todos los efectos cuya causa era desconocida, se consideraban sobrenaturales; pero, los descubrimientos de la ciencia han restringido sucesivamente el círculo de lo maravilloso y el conocimiento de esta nueva ley, lo reduce a nada. Aquellos que acusan al Espiritismo de resucitar lo maravilloso prueban por este mismo hecho que hablan de algo que no conocen.

33. El *médium* sólo tiene la capacidad de comunicarse, pero la comunicación efectiva, depende de la voluntad de los *espíritus*. Si los *espíritus* no quieren manifestarse, el *médium* nada obtiene; es como un instrumento sin músico.

34. La facilidad de las comunicaciones, depende del grado de afinidad que exista entre los fluidos del *médium* y el *Espíritu*. Cada *médium* es pues más

o menos capaz de recibir la impresión o el impulso del pensamiento de tal o cual *Espíritu*. Puede ser un buen instrumento para uno y malo para otro. De lo cual se sigue que, al encontrarse dos *médiums* igualmente dotados, uno al lado del otro, un *Espíritu* podrá manifestarse a través de uno y no a través del otro.

Es pues un error, creer que basta ser *médium* para recibir comunicaciones de cualquier *Espíritu* con la misma facilidad. No existen medios universales. Los *espíritus* prefieren buscar instrumentos que vibren al unísono con ellos. Sin armonía, lo único que puede producir la asimilación fluídica, las comunicaciones son imposibles, incompletas o falsas. Y puede que sean falsos, porque en ausencia del *Espíritu* deseado, no faltan otros dispuestos a aprovechar la oportunidad de manifestarse y a quienes les importa muy poco decir la verdad.

35. Uno de los mayores peligros de la mediumnidad, es la obsesión, es decir, el poder que ciertos *espíritus* pueden ejercer sobre los *médiums*, imponiéndose a ellos bajo nombres apócrifos e impidiéndoles comunicarse con otros *espíritus*.

36. Lo que constituye el medio propiamente dicho, es la facultad; en este sentido, puede estar más o menos formado, más o menos desarrollado. Lo que constituye a un *médium* fiable, a uno que verdaderamente puede ser llamado un buen *médium*, es la aplicación de la facultad, la aptitud para servir de intérprete de los buenos *espíritus*. (Libro de los Médiums, cap. XXIII.)

37. La mediumnidad, es una facultad esencial-

mente móvil y fugaz, por estar subordinada a la voluntad de los *espíritus*; por eso está sujeta a la intermitencia. Este motivo y el principio mismo sobre el que se establece la comunicación, son obstáculos para que llegue a ser una profesión lucrativa, ya que no puede ser permanente ni aplicable a todos los *espíritus* y puede fallar en el momento en que sea necesaria. No es racional, por otra parte, admitir que *espíritus* serios, se pongan a disposición del primero que quiera explotarlos.

38. La tendencia de los incrédulos, es generalmente sospechar de la buena fe de los *médiums* y suponer el uso de medios fraudulentos. Aparte de que esta suposición resulta insultante para algunas personas, debemos preguntarnos primero, qué interés podrían tener en engañar y jugar o pretender ser jugados. La mejor garantía de sinceridad, es el desinterés absoluto, porque donde no hay nada que ganar, la charlatanería no tiene razón de existir.

En cuanto a la realidad de los fenómenos, todo el mundo puede verla, si se coloca en condiciones favorables y si aporta a la observación de los hechos la paciencia, la perseverancia y la imparcialidad necesarias.

39. Los *espíritus* se sienten atraídos por la simpatía, la similitud de gustos y caracteres y la intención que hace deseada su presencia. Los *espíritus* Superiores, no asisten a reuniones inútiles, así como un erudito de la tierra, no asistiría a una asamblea de jóvenes atolondrados. El simple sentido común, dice que no puede ser de otra manera o si van allí a veces, es para dar consejos saludables, para combatir vicios, para intentar reconducir a las

personas al buen camino y si no se les escucha, se retiran. Sería una idea completamente falsa, creer que los *espíritus* serios, podrían complacerse en responder a trivialidades, a preguntas ociosas que no demuestran ni apego ni respeto por ellos, ni a un verdadero deseo de aprender y menos aún que podrían venir a ofrecer un espectáculo para diversión de los curiosos. No lo habrían hecho mientras estaban vivos y no pueden hacerlo después de su muerte.

40. La frivolidad de las reuniones, tiene como resultado atraer *espíritus* frívolos, que sólo buscan oportunidades para engañar y mistificar. Por la misma razón que los hombres graves y serios no van a las reuniones ligeras, los *espíritus* serios, sólo van a reuniones serias, cuyo fin es la instrucción y no la curiosidad. Es en reuniones de esta clase, que los *espíritus* superiores gustan de dar sus enseñanzas.

41. De lo anterior se sigue que, toda reunión espiritista, para ser provechosa, debe, como primera condición, ser seria y serena; que todo debe suceder allí con respeto, religiosamente y con dignidad, si se quiere obtener el apoyo habitual de los buenos *espíritus*. No debemos olvidar que, si estos mismos *espíritus* se hubieran presentado allí durante su vida, se les habría mostrado un respeto al que tienen aún más derecho después de su muerte.

42. En vano, alegamos la utilidad de ciertos experimentos curiosos, frívolos y divertidos para convencer a los incrédulos y llegamos a un resultado completamente opuesto. El incrédulo, inclinado ya a burlarse de las creencias más sagradas, no puede ver nada serio en lo que se toma a broma y no se le

puede hacer respetar aquello que no se le presenta de manera respetable. También de las reuniones fútiles y ligeras, aquellas donde no hay ni orden, ni gravedad, ni contemplación, siempre queda una mala impresión. Lo que más puede convencerle es la prueba de la presencia de seres cuyo recuerdo le es querido. Es ante sus palabras graves y solemnes, es ante sus revelaciones íntimas, que lo vemos conmoverse y palidecer. Pero, por el hecho mismo de que tiene más respeto, veneración y apego por la persona cuya alma se le presenta, se escandaliza, se sorprende al verla entrar en una asamblea irrespetuosa, en medio de mesas danzantes y de las burlas de los *espíritus* frívolos. Incrédulo como es, su conciencia rechaza esta alianza de lo serio y lo frívolo, lo religioso y lo profano, por eso acusa todo esto de malabarismo y a menudo sale menos convencido de lo que entró.

Reuniones de esta naturaleza siempre hacen más daño que bien, porque alejan de la doctrina a más personas de las que atraen, además de que están abiertas a las críticas de los detractores que encuentran en ellas motivos fundados de burla.

Extracto de la obra:
¿Qué es el espiritismo?

Preámbulo

Las personas que sólo tienen del *Espiritismo* un conocimiento superficial, se ven naturalmente impulsadas a hacer ciertas preguntas, cuya respuesta hallarían con un estudio profundo. Pero les falta tiempo y a menudo voluntad para entregarse a continuadas observaciones y quisieran, antes de empezar semejante tarea, saber por lo menos de que se trata y si vale la pena ocuparse de ello.

Nos ha parecido pues útil, ofrecer en resumen la respuesta que debe darse a las preguntas fundamentales que nos dirigen diariamente. Esto será para el lector una primera iniciación y ahorro de tiempo para nosotros, dispensándonos de repetir constantemente las mismas respuestas.

En la Introducción, damos una rápida ojeada sobre la historia del *Espiritismo* en la antigüedad, exponiendo a la vez su aparición más marcada en estos últimos tiempos en América y Europa y especialmente en ésta, donde ha podido reunirse mayor número de elementos para constituir un cuerpo de doctrina.

El primer capítulo contiene, en forma de diálogo, las respuestas a las objeciones más comunes que

hacen los que ignoran los primeros fundamentos de la doctrina, así como también la refutación de los principales argumentos de sus adversarios. Esta forma nos ha parecido la más conveniente, porque no tiene la aridez del dogma.

El segundo capítulo, está dedicado a la exposición somera de las partes de la ciencia práctica y experimental, en las cuales, a falta de una perfecta instrucción, debe fijarse el observador novel para juzgar con conocimiento de causa. Es en cierto modo el resumen de *"El Libro de los Médiums"* (Editorial ELA). Las objeciones nacen frecuentemente de las ideas falsas que a priori nos formamos de lo que no conocemos; rectificar éstas es salir al encuentro de aquéllas. Tal es el objeto de este escrito.

El tercer capítulo puede considerarse como el resumen de *"El Libro de los espíritus"* (Editorial ELA). Es la resolución, por medio de la doctrina espiritista, de un cierto número de problemas de sumo interés, pertenecientes al orden psicológico, moral y filosófico, que diariamente nos proponemos y a los cuales ninguna filosofía ha dado hasta hoy solución satisfactoria. Trátese de resolverlos por cualquier otra teoría, sin la clave que proporciona el Espiritismo y se verá que respuestas son más lógicas y cuáles satisfacen más a la razón.

Este punto de vista es útil no solamente a quienes comienzan, quienes podrán desde él conocer en poco tiempo y con poco trabajo las nociones más esenciales, sino también y mucho, a los adeptos a quienes proporcionará medios de contestar a las primeras objeciones, que nunca dejan de hacérselas y además, porque encontrarán reunidos, en un estrecho espacio y a la primera ojeada, los principios que nunca deben olvidar.

Respondiendo desde ahora y sumariamente a la pregunta formulada en el titulo de este libro, diremos lo siguiente:

"El Espiritismo es a la vez una ciencia de observación y una doctrina filosófica. Como ciencia práctica, consiste en las relaciones que pueden establecerse con los *espíritus*; como doctrina filosófica, comprende todas las consecuencias morales que se desprenden de semejantes relaciones".

Podemos definirlo así: "El Espiritismo es la ciencia que trata de la naturaleza, origen y destino de los *espíritus* y de sus relaciones con el mundo corporal".

Diálogo primero: El crítico

Visitante: Le diré a usted, caballero, que mi razón se resiste a admitir la realidad de los extraños fenómenos atribuidos a los *espíritus*, que estoy persuadido de ello, sólo existen en la imaginación. No obstante, deberíamos inclinarnos ante la evidencia y así lo haría yo, si pudiese tener pruebas irrefutables. Vengo pues, a solicitar de su amabilidad el permiso de asistir únicamente, para no ser indiscreto, a una o dos sesiones a fin de convencerme, si es posible.

Allan Kardec: Caballero, desde el momento en que su razón se resiste a admitir lo que nosotros tenemos por hechos positivos, es porque la cree superior a la de todas las personas que no participan de sus opiniones. No pongo en duda su mérito y no tengo ninguna pretensión en hacer superior mi inteligencia a la suya. Admita usted pues, que yo vivo engañado, puesto que es la razón quien le habla y asunto concluido.

V.: Sin embargo, seria un milagro, eminente-

mente favorable a su causa, que llegase a convencerme a mí, que soy conocido como antagonista de sus ideas.

A.K.: Lo siento, pero no tengo el don de hacer milagros ¿Usted cree que una o dos sesiones bastarían para convencerle? Eso sería en efecto, un verdadero milagro. Yo he necesitado más de un año de trabajo para convencerme a mi mismo, lo que le prueba que si soy espírita, no ha sido de ligeras. Por otra parte, caballero, yo no doy sesiones, y según parece, usted está equivocado sobre el objeto de nuestras reuniones, dado que no hacemos experimentos para satisfacer la curiosidad de nadie.

V.: ¿Usted no desea pues, hacer prosélitos?

A.K.: ¿Por qué debería desear hacer de usted uno de ellos, si usted no lo desea? Yo no violento ninguna convicción. Cuando encuentro personas que sinceramente desean instruirse y que me honran, pidiéndome aclaraciones, es para mí un placer y un deber contestarles con arreglo a mis conocimientos. Pero con los antagonistas que como usted, tienen convicciones fijas, no doy un paso para atraerlos, dado que encuentro bastantes personas dispuestas y no pierdo el tiempo con las que no lo están. Sé que tarde o temprano llegará la convicción por la fuerza de las cosas y que los más incrédulos serán arrastrados por la corriente; algunos partidarios más o menos no hacen falta por ahora en la balanza. Por eso no me verá usted nunca exasperarme para que participen de nuestras ideas aquellos que tienen tan buenas razones como usted para alejarse de las mismas.

V.: Sería, sin embargo, más útil el convencerme de lo que usted cree ¿Quiere usted permitirme que me explique con franqueza, prometiéndome no ofenderse por mis palabras? Expondré mis ideas sobre el asunto y no sobre la persona a quien me dirijo. Puedo respetar a ésta, sin participar de su opinión.

A.K.: El Espiritismo me ha enseñado a prescindir de las mezquinas susceptibilidades del amor propio y a no ofenderme por palabra alguna. Si las suyas salvan los límites de la urbanidad y de la conveniencia, deduciré de aquéllas que es usted un hombre mal educado y nada más. Por lo que a mí respecta, prefiero abandonar a los otros los errores, que participar de ellos. Solo así comprenderá usted que el Espiritismo sirve de algo.

Lo repito caballero, no tengo ningún empeño en que usted sea de mi opinión; respeto la suya, si es sincera, como deseo que se respete la mía. Pero ya que trata usted al Espiritismo de ilusión fantástica, se habrá dicho al dirigirse a mi casa: "Vamos a ver a ese loco". Confiéselo francamente, que no me enfadaré por eso. Todos los espíritas somos locos, esto es lo que se piensa normalmente. Pues bien caballero, puesto que usted juzga al Espiritismo como una enfermedad mental, sería para mi un cargo de conciencia el comunicársela y me maravilla que teniendo tal idea, desee adquirir una convicción que le incluirá en el número de los locos. Sí anticipadamente está persuadido de que no le podrán convencer, el paso que ha dado es inútil, porque no tiene otro objeto que la curiosidad. Concluyamos pues, se lo ruego, porque no estoy para perder el tiempo en conversaciones sin objeto.

V.: Podemos engañarnos, hacernos ilusiones, sin ser por ello locos.

A.K.: Hable usted sin rodeos. Diga como tantos otros, que el Espiritismo pasará como un soplo, pero

habrá de convenir en que la doctrina que en algunos años ha hecho millones de prosélitos en todos los países, que tiene sabios de toda clase y que se propaga preferentemente en las clases ilustradas, es una manía especial digna de examen.

V.: Que tengo mis ideas sobre el particular es cierto, pero no son de tal modo absolutas, que no consienta en sacrificarlas a la evidencia. Decía caballero, que debe usted tener cierto interés en convencerme. Le confesaré que voy a publicar un libro en que me propongo demostrar exprofeso lo que considero un error. Y como semejante libro tendrá gran aceptación y derrotará a los *espíritus*, no lo publicaría si usted llegase a convencerme.

A.K.: Me dolería en el alma, caballero, privarle a usted de los beneficios de un libro que ha de tener tamaña trascendencia. Además, no tengo ningún interés en impedirle que lo publique; le deseo por el contrario, una gran popularidad, pues nos servirá de prospecto y de anuncio. El ataque dirigido a una cosa despierta la atención; muchas personas quieren ver su pro y su contra y la crítica la hace conocer de aquellos que ni siquiera pensaban en ella. Así es como sin saberlo, se hace la mayoría de las veces de reclamo en provecho de aquellos a quienes se quiere perjudicar. Por otra parte, la cuestión de los *espíritus* es tan interesante, pica la curiosidad hasta tal punto, que basta llamar sobre ella la atención para despertar deseos de profundizar en ella.

V.: Por lo tanto y según usted, ¿la crítica no sirve para nada, la opinión pública no tiene ningún valor?

A.K.: Yo no veo en la crítica la expresión pública, sino una opinión individual que puede engañarse. Lea usted la historia y verá cuántas obras maestras han sido criticadas a su aparición, lo que no ha impedido que continuaran siéndolo. Cuando una cosa es mala, todos los elogios posibles no conseguirán hacerla buena. Si el Espiritismo es un error, caerá por si mismo; si es una verdad, todas las diatribas no harán de él una mentira. Su libro será una apreciación personal y la verdadera opinión pública decidirá si es exacta. Para ello se querrá ver y si más adelante se reconoce que usted estaba equivocado, su libro será ridículo, como los publicados en otro tiempo contra la teoría de la circulación de la sangre, de la vacuna, etc.

Pero me olvidaba de que usted ha de tratar la cuestión exprofeso, lo que quiere decir que la ha estudiado en todas sus fases; que ha visto todo lo que se puede ver, leído lo que se ha escrito sobre el particular, analizado y comparado las diversas opiniones; que se ha encontrado en las mejores condiciones para observar por usted mismo, que ha consagrado a dicho estudio noches enteras durante muchos años; en una palabra, que no ha descuidado usted nada para llegar al hallazgo de la verdad. Debo creerlo así, siendo un hombre formal, porque sólo el que practica todo lo indicado tiene derecho a decir que habla con conocimiento de causa.

¿Qué pensaría usted de un hombre que se erigiese en censor de una obra literaria sin conocer la literatura, de un cuadro sin haber estudiado la pintura? Es principio de lógica elemental que el crítico deba conocer, no superficialmente, sino a fondo, el asunto de que habla, sin lo cual carece de valor. Para combatir un cálculo, se ha de aducir otro; pero para ello es preciso saber calcular. La crítica no debe limitarse a decir que una cosa es buena o mala, es necesario que justifique su opinión con una demostración

clara y categórica, basada en los principios del arte o de la ciencia. ¿Y cómo podrá hacerlo si los ignora? ¿Podría usted apreciar las excelencias o defectos de una máquina sin conocer la mecánica? No; pues bien, su juicio sobre el Espiritismo, que no conoce, no tendrá más valor que el que emitiera sobre la indicada máquina. Será usted sorprendido a cada instante en flagrante delito de ignorancia; porque los que habrán estudiado el Espiritismo verán enseguida que está fuera de la cuestión, de donde deducirán o que no es usted un hombre serio o que no procede de buena fe. En uno y otro caso, se expondrá a recibir un chasco poco agradable a su amor propio.

V.: Precisamente para salvar ese escollo vengo a rogarle que me permita presenciar algunos experimentos.

A.K.: ¿Y cree usted que esto le bastará para hablar exprofeso del Espiritismo? ¿Cómo podrá comprender dichos experimentos y lo que es más, juzgarlos, si no ha estudiado los principios que les sirven de base? ¿Cómo podrá usted apreciar el resultado, satisfactorio o no, de los experimentos metalúrgicos, por ejemplo, sin conocer a fondo la metalurgia?

Permítame decirle a usted, caballero, que su proyecto es absolutamente semejante al del que, no sabiendo matemáticas ni astronomía, dijese a uno de los miembros del Observatorio: "Caballero, pienso escribir un libro sobre astronomía y probar además que su sistema es falso, pero como que no tengo ni idea al respecto, permítame usted mirar dos o tres veces por los telescopios. Esto me bastará para saber tanto como usted".

Por extensión únicamente, la palabra criticar es sinónimo de censurar; en su acepción normal y según su etimología, significa juzgar, apreciar. La crítica, pues, puede ser aprobatoria o reprobatoria. Criticar un libro no equivale precisamente a condenarlo; el que se encargue de esta tarea debe desempeñarla sin ideas preconcebidas. Pero si antes de abrir el libro lo ha condenado ya anteriormente, su examen no puede ser imparcial. Y en semejante caso se encuentran la mayor parte de los que han hablado del Espiritismo. Por la palabra se han formado una opinión y han hecho lo mismo que un juez que sentenciara sin tomarse el trabajo de examinar los autos. De aquí ha resultado que su juicio ha sido falso y que en vez de persuadir ha hecho reír. Respecto de los que han estudiado seriamente la cuestión, la generalidad ha cambiado de parecer y más de un adversario se ha vuelto un partidario, viendo que se trataba de una cosa muy distinta de lo que había creído.

V.: Usted hablará del examen de los libros en general; ¿pero cree usted que sea materialmente posible a un periodista leer y estudiar todos los libros que le vienen a mano, sobre todo cuando se trata de teorías nuevas, que le sería preciso profundizar y comprobar? Tanto valiera exigir de un impresor que leyese todas las obras que salen de sus prensas.

A.K.: A tan juicioso razonamiento sólo tengo que responder que, cuando se carece de tiempo para hacer concienzudamente una cosa, no se debe entrometer nadie en ella y que vale más hacer una y bien, que diez y mal.

V.: No crea usted, caballero, que he formado mi opinión a la ligera. He visto mesas que giraban y golpeaban y personas que se imaginaban escribir bajo la influencia de los *espíritus*; pero estoy convencido de que todo era charlatanismo.

A.K.: ¿Cuánto pagó usted por ver todo eso?

V.: Nada, ciertamente.

A.K.: Pues vea usted unos charlatanes de singular especie y que conseguirán cambiar el significado de la palabra. Hasta ahora no se habían conocido charlatanes desinteresados. Porque un bromista haya querido divertirse una vez, ¿ha de concluirse que las otras personas sean embaucadoras? Por otra parte, ¿con qué objeto se habrían hecho cómplices de una mistificación? Para divertir a la sociedad, contestará usted. Convengo en que una vez se preste alguien a una broma; pero cuando ésta dura meses y años, creo que el mistificado es el mistificador. ¿Es probable que, por el mero placer de hacer creer una cosa, que se juzga falsa, se aburra alguien horas enteras junto a una mesa? Semejante placer no es digno de tanto trabajo.

Antes de calificar un acto de fraudulento, es preciso preguntarse que interés hay en engañar y usted convendrá en que existen posiciones que excluyen toda sospecha de superchería y personas cuyo carácter es una garantía de probidad. Otra cosa sería si se tratase de una especulación, porque el cebo de la ganancia es mal consejero. Pero aun admitiendo que en este último caso se hiciera constar positivamente una maniobra fraudulenta, no se probaría nada contra la realidad del principio, dado que de todo puede abusarse. Porque se vendan vinos adulterados, no se concluye que no los haya puros. El Espiritismo no es más responsable de los que abusan de su nombre y lo explotan, que la ciencia médica de los charlatanes que preconizan sus drogas y la religión de los sacerdotes que abusan de su ministerio. El Espiritismo, por su misma naturaleza y novedad, debía prestarse a ciertos abusos, pero ha ofrecido medios de reconocerlos, definiendo claramente su verdadero carácter y declinando toda solidaridad con los que le explotan o le separan de su objeto exclusivamente moral, haciendo de él un oficio, un instrumento de adivinación o de fútiles investigaciones.

Desde el momento que el Espiritismo traza por sí mismo los limites en que se encierra, y precisa lo que dice y lo que no dice, lo que puede y no puede, lo que es o no de sus atribuciones, lo que acepta y lo que rechaza, toda la culpa recae sobre aquellos que, sin tomarse el trabajo de estudiarlo, lo juzgan por las apariencias, quienes al encontrar charlatanes que se jacten de ser espíritas para atraer a los transeúntes, dirán gravemente: He ahí el Espiritismo. ¿En quién recae definitivamente el ridículo? No es en el charlatán que desempeña su oficio, ni en el Espiritismo cuya doctrina escrita desmiente semejantes asertos, sino en los críticos, que hablan de cosas que no conocen o que a sabiendas alteran la verdad. Los que atribuyen al Espiritismo lo que es contrario a su esencia, lo hacen, o por ignorancia o con intención; si es lo primero obran con ligereza, si es lo segundo con mala fe. En el último caso, se asemejan a ciertos historiadores que alteran la historia en interés de un partido o de una opinión. Y un partido se desacredita siempre, empleando tales medios, y no logra su objetivo.

Observe usted bien caballero, que no pretendo que la crítica deba aprobar nuestras ideas necesariamente, ni siquiera después de haberlas estudiado; no censuramos de ningún modo a los que no piensan como nosotros. Lo que para nosotros es evidente, puede no serlo para todo el mundo. Cada uno juzga las cosas desde su punto de vista y no todos sacan las mismas consecuencias del hecho más positivo. Si un pintor, por ejemplo, pone en su cuadro un caba-

llo blanco, alguien podrá decir muy bien que produce mal efecto, y que uno negro hubiese sentado mejor; pero el error hubiera consistido en decir que el caballo es blanco siendo negro, y esto es lo que hacen la mayor parte de nuestros adversarios.

En resumen, cada uno es completamente libre de aprobar o criticar los principios del Espiritismo, de deducir de ellos las buenas o malas consecuencias que se le antoje. Pero es un deber de conciencia para todo crítico serio el no decir lo contrario de lo que es y para ello la primera condición es la de callar sobre lo que se ignora.

V.: Le suplico que volvamos a las mesas giratorias y parlantes. ¿No podría suceder que estuviesen preparadas de antemano?

A.K.: Esta es la misma cuestión de buena fe a que he contestado ya. Probada la superchería, la rechazamos. Y si usted me señala hechos verídicamente calificados de fraude, de charlatanismo, de explotación o de abuso de confianza, los entrego a sus reprimendas, declarándole anticipadamente que no saldré a la defensa de los mismos, porque el Espiritismo serio es el primero en repudiarlos y porque señalando los abusos, se le ayuda a prevenirlos y le presta un servicio. Pero generalizar semejantes acusaciones, lanzar sobre una multitud de personas honradas la reprobación que merecen algunos individuos aislados, es un abuso, aunque de distinto género, porque es una calumnia. Admitiendo, como usted supone, que las mesas estuviesen preparadas, habría de ser preciso un mecanismo muy ingenioso para hacerles ejecutar movimientos y ruidos tan variados ¿Por qué no se conoce aún el nombre del hábil artífice que las fabrica? Y debería, sin embargo, gozar de una inmensa celebridad, porque sus aparatos están esparcidos por las cinco partes del mundo. Preciso es convenir también que su procedimiento es muy ingenioso, puesto que puede adaptarse a la primera mesa que se tenga a mano, sin preparación alguna exterior. ¿Por qué razonamiento, desde Tertuliano, quien también habló de las mesas giratorias y parlantes hasta la actualidad, nadie ha podido verlo ni describirlo?

V.: Se engaña usted en este punto. Un célebre médico ha reconocido que ciertas personas pueden, contrayendo un músculo de la pierna, producir un ruido semejante al que se atribuye a la mesa, de donde deduce que los *médiums* se divierten a expensas de la credulidad.

A.K.: Si todo pues, es producto del castañeteo de un músculo, no estará preparada la mesa. Y puesto que cada uno explica esta pretendida superchería a su manera, prueba esto evidentemente que ni los unos ni los otros conocen la verdadera causa. Respeto el saber del reputado facultativo; pero encuentro algunas dificultades en la aplicación del hecho que se señala a las mesas parlantes. Primera, es raro que esta facultad, excepcional hasta ahora, y mirada como un hecho patológico, se haya hecho tan común repentinamente. Segunda, se requiere un vivo deseo de mistificar para estar castañeteando un músculo durante dos o tres horas seguidas, cuando esto no reporta más que dolor y cansancio. Tercera, no comprendo lo bastante como el referido músculo se relaciona con las puertas y paredes en que se dejan oír los golpes. Cuarta y última, el indicado músculo castañeador debe tener una propiedad muy maravillosa para hacer mover una pesada mesa, levantarla, abrirla, cerrarla, mantenerla en el aire sin punto de apoyo y finalmente, destrozarla dejándola caer. Nadie sospechaba tamañas virtudes en semejante músculo1.

El célebre médico de que habla usted, ¿ha estudiado el fenómeno de la tiptología en los que lo producen? No, ha observado un efecto fisiológico, anormal, en algunos individuos, que jamás se han ocupado de las mesas golpeadoras, efecto que tiene cierta analogía con el que se produce en éstas y sin mayor examen concluye, con toda la autoridad de su ciencia, que todos los que hacen hablar las mesas deben tener la propiedad de hacer castañetear su peroneo corto y no pasan de ser farsantes, ya sean príncipes o cortesanos, ya se hagan o no pagar. ¿Pero ha estudiado por lo menos el fenómeno de la tiptología en todas sus fases? ¿Se ha persuadido de que, con este castañeteo del músculo, se podían producir todos los efectos tiptológicos? No, porque de estarlo se hubiese convencido de la insuficiencia de su procedimiento y no hubiera proclamado su descubrimiento en pleno Instituto. ¡He aquí un juicio formal para un sabio! ¿Y qué nos resta hoy de él? Le confieso a usted que si tuviese que hacerme una operación quirúrgica, dudaría mucho en confiarme a ese practicante, temeroso de que juzgase mi enfermedad con tan menguada perspicacia. Y puesto que semejante juicio es una de las autoridades en que parecía que debía usted apoyarse para batir al Espiritismo, me persuado completamente de la fuerza de sus otros argumentos, si no están tomados de fuentes más auténticas.

V.: Usted no me negará, sin embargo, que ha pasado la moda de las mesas giratorias. Durante cierto tiempo hicieron furor, pero hoy nadie se ocupa ya de ellas ¿Por qué ocurre esto si son un asunto serio?

A.K.: Porque de las mesas giratorias ha salido una cosa más seria aún; ha salido toda una ciencia, toda una doctrina filosófica, altamente interesante para los hombres reflexivos. Cuando éstos nada han tenido que aprender ya viendo girar una mesa, no se han ocupado más de ello. Para las gentes fútiles que nada profundizan, eran un pasatiempo, un juguete que han abandonado cuando se han cansado de él; tales personas no figuran en la ciencia. El período de la curiosidad ha tenido su tiempo y le ha sucedido el de la observación. El Espiritismo entró entonces en el dominio de las personas graves, que no se divierten con él, sino que se instruyen. Por esto los hombres que lo toman como cosa formal no se prestan a ningún experimento de curiosidad y menos aún en obsequio de los que abrigan pensamientos hostiles. Como no tratan de divertirse ellos mismos, no procuran divertir a los otros, y yo soy de este número.

V.: Sin embargo, sólo el experimento puede convencer, aunque al principio no tenga más objeto que la curiosidad. Permítame que le diga que, operando en presencia de personas convencidas, predica usted a los suyos.

A.K.: Es muy diferente estar convencido, que estar dispuesto a convencerse; a estos últimos es a quienes me dirijo y no a los que creen humillar su razón oyendo lo que llaman fantasías. De estos últimos no me ocupo ni mucho menos. Respecto de los que dicen que abrigan el deseo sincero de ilustrarse, el mejor modo de probarlo es demostrar perseverancia, y se les reconoce en que quieren trabajar seriamente y no por el antojo de presenciar uno o dos experimentos. La convicción se forma con el tiempo, por una serie de observaciones hechas con sumo cuidado. Los fenómenos espiritistas difieren esencialmente de los que ofrecen las ciencias exactas: no se producen por nuestra voluntad, es preciso cogerlos al vuelo. Y viendo mucho y por mucho tiempo es como se descubre una multitud de pruebas, que escapan a primera vista, sobre todo cuando no estamos familiarizados con las condiciones en que pueden hallarse y más aún, cuando abrigamos prevenciones. Para el observador asiduo y reflexivo, abundan las pruebas: una palabra, un hecho insignificante en apariencia, puede ser un rayo de luz, una confirmación para el observador advenedizo. Para el curioso todo eso es nulo y he aquí porqué no me presto a experimentos sin resultado probable.

V.: Pero, en fin, todo tiene su principio. ¿Cómo ha de hacerlo, si usted le niega los medios, el principiante que es una tabla rasa, que nada ha visto, pero que desea ilustrarse?

A.K.: Yo establezco una gran diferencia entre el incrédulo por ignorancia y el que lo es por sistema. Cuando encuentro a alguien en disposición favorable, nada me cuesta ilustrarle; pero hay personas en quienes el deseo de instruirse es aparente y con éstos se pierde el tiempo, porque sino encuentran inmediatamente lo que parece que buscan y cuyo hallazgo les sería quizás enojoso, lo poco que ven es insuficiente para destruir sus prevenciones; lo juzgan mal y hacen de ello un asunto de burla que es inútil proporcionarles.

Al que desee instruirse, le diré: "No puede hacerse un curso de Espiritismo experimental como se hace uno de Física y de Química, atendiendo a que nadie es dueño de producir los fenómenos a su antojo y a que las inteligencias, agentes de los mismos, burlan con frecuencia nuestra previsión. Poco inteligibles serían para usted los que pudiera ver accidentalmente, no presentando ningún encadena-miento, ninguna trabazón necesaria.

Entérese usted ante todo de la teoría, lea y medite las obras que tratan de esta ciencia. En ellas aprenderá los principios, hallará la descripción de todos los fenómenos, comprenderá su posibilidad por la explicación que se da de ellos y por el relato de multitud de hechos espontáneos, de los cuales quizá ha sido usted testigo involuntario y que recordará. Se enterará usted de todas las dificultades que pueden presentar y se formará así la primera convicción moral. Entonces y cuando se ofrezcan las circuns-tancias de ver y de operar por usted mismo, se hará cargo de todo, cualquiera que sea el orden en que se presenten los hechos, porque nada le será extraño. Esto es, caballero, lo que aconsejo a toda persona que dice quererse instruir y por su respuesta me es fácil comprender si le mueve algo más que la curio-sidad[1].

1 Si le ha resultado interesante, puede seguir leyendo más, en la obra: "¿Qué es el espiritismo?" (Editorial ELA).

Otras obras del autor

El "Libro de los *espíritus*"; En ésta su primera obra, expone los principios de la doctrina espiritista, la naturaleza de los seres del más allá, así como sus manifestaciones y relaciones con los seres humanos, las leyes morales, la vida presente y futura y hasta lo que está por venir en la humanidad. El más clásico de los libros de *espiritismo*, el más leído, el más vendido y el primero que se debe leer para iniciarse en esta escuela. Estructurado en forma de cuatro libros; el primero: Las causas primeras, habla de Dios, los elementos generales del universo, la Creación y el Principio Vital; el segundo: el mundo espiritista o de los *espíritus*, que habla de la encarnación de los *espíritus*, la regresión de la vida material a la espiritual, la pluralidad de existencias, el regreso a la vida corporal, la emancipación del alma, la intervención de los *espíritus*, las ocupaciones y misiones de los *espíritus*; el tercero: Las leyes morales, que habla de la ley divina o natural, la ley de adoración, la ley de igualdad, la ley de libertad y otras leyes; y el cuarto: Esperanzas y consuelos, que habla de las penas y goces terrenales y las penas y goces futuros.

El autor declara sobre ella: "El Libro de los *espíritus* contiene las bases fundamentales del Espiritismo. Es la piedra angular de edificio, encierra todos los principios de la doctrina, hasta los que deben coronar la obra. Pero era preciso que le diéramos su desarrollo, deduciendo todas sus consecuencias y sus aplicaciones a medida que se desenvolvieran por la enseñanza complementaria de los *espíritus* y por nuevas observaciones. Esto es lo que hicimos en El Libro de los Médiums y en El Evangelio según el Espiritismo, desde puntos de vista especiales. Esto mismo es lo que hacemos ahora en esta obra desde otro punto de vista, y lo que haremos sucesivamente en las que nos falta publicar, las cuales vendrán a su tiempo".

El "Libro de los mediums": Es el complemento y la continuación de "El libro de los *espíritus*", que sirve como Guía para los *médium* y los evocadores. Contiene la enseñanza especial de los *espíritus* sobre la teoría de todos los géneros de manifestaciones. Incluye los medios de comunicar con el mundo invisible, el desarrollo del medium y las dificultades, así como los escollos que se pueden encontrar en la práctica del Espiritismo. Aquí se resuelven estos y todos los temas afines de manera ordenada y sistemática.

"El evangelio según el *espiritismo*": Muchos puntos del Evangelio, de la Biblia y de los autores sagrados, en general, nos son ininteligibles y muchos de ellos solo nos parecen irracionales por falta de la clave que nos haga comprender su verdadero sentido; esta clave está completa en el Espiritismo, como ha podido convencerse de ello aquellos que lo han estudiado formalmente, y como se comprenderá mejor aún en lo venidero. El Espiritismo se encuentra por doquiera, así en la antigüedad como en las demás épocas; en todas partes se encuentran sus huellas, en los escritos, en las creencias y en los monumentos y por esta razón, se abre nuevos horizontes para el porvenir, también arroja una luz no menos viva sobre los misterios del pasado.

"El génesis, los milagros y las profecías, según el *espiritismo*": Estudia tres puntos diversamente interpretados, a saber: El génesis, los Milagros y las profecías en sus relaciones con las nuevas leyes que se deducen de la observación de los fenómenos espíritas. Estos fenómenos abundan en las escrituras, y en razón del desconocimiento de la ley que los gobierna, los tratadistas de ambos bandos antagónicos han girado sin cesar en el mismo círculo de ideas: unos omitiendo los descubrimientos positivos de la ciencia, y otros ignorando el principio espiritual, de modo que no han podido llegar a una solución racional y convincente. La solución se encuentra en la acción recíproca del espíritu y la materia, y, del tal manera, se libera del carácter sobrenatural que se atribuía a la mayor parte de los fenómenos. Pero, ¿qué es más positivo: admitir los hechos como resultantes de las leyes de la Naturaleza o rechazarlos totalmente?

"El cielo y el infierno. La justicia divina según el *espiritismo*": La primera parte de esta obra, titulada Doctrina, contiene el examen comparado de las diversas creencias sobre el cielo y el infierno, los ángeles y los demonios, las penas y las recompensas futuras. El dogma de las penas eternas se trata de un modo especial y se refuta con argumentos sacados de las leyes de la misma Naturaleza, que no solo demuestran la parte ilógica, repetida cien veces, sino la imposibilidad material. Con las penas eternas caen, naturalmente, las consecuencias que se creería poder sacar de aquellas. La segunda parte encierra numerosos ejemplos en apoyo de la teoría, o mejor dicho, que han servido para establecer la teoría. Tienen su autoridad en la diversidad de los tiempos y lugares en donde se obtuvieron, porque si dimanasen de un solo origen, podrían considerarse como producto de una misma influencia. La tienen, además, en su concordancia con aquello que se obtiene todos los días, por todas partes en donde se ocupan de las manifestaciones espiritistas bajo el

prisma formal y filosófico. Con "El Cielo y el Infierno" se dirige al blanco de ciertas cuestiones. Pero no debía venir más pronto. Si consideramos la época en que ha venido el Espiritismo, conoceremos sin mucho trabajo que ha llegado oportunamente. Ni demasiado tarde ni demasiado pronto. Más pronto hubiera abortado, porque no siendo muchas las simpatías, hubiera sucumbido bajo los golpes de sus adversarios. Más tarde, le hubiera faltado la ocasión favorable para manifestarse, las ideas pudieran haber tomado otro curso, del cual hubiera sido difícil desviarlas. Era preciso dejar a las ideas viejas el tiempo necesario para que se gastaran probando su insuficiencia, antes de aparecer otras nuevas.

"¿Qué es el *espiritismo*?" (Para quienes quieren empezar). El Espiritismo es la ciencia que trata de la naturaleza, origen y destino de los *espíritus* y sus relaciones con el mundo corporal. Las personas que solo tienen del Espiritismo un conocimiento superficial, se ven naturalmente impulsadas a hacer ciertas preguntas, cuya respuesta hallarían con un estudio profundo. Pero como les falta tiempo y a menudo voluntad para entregarse a continuadas observaciones; nos ha parecido pues útil, ofrecer en resumen la respuesta que debe darse a las preguntas fundamentales que se nos dirigen diariamente, para que sepan por lo menos de que se trata y si vale la pena ocuparse de su estudio. Una obra que sirve de introducción para quienes estén interesados en conocer el tema, de la mano de uno de sus más importantes divulgadores.

Este es un libro de editorial *ELA*

[f] Editorial Ela

[▶] Editorial ELA

[◉] @ela.editorial

[◉] @ela.editorial

www.libreriaargentina.com

La Librería Argentina se funda en Madrid en el año 1964, siendo la primera librería especializada en libros para el bienestar y el crecimiento personal que surge en España. Debe su nombre a que en aquellos tiempos la mayor parte de los libros de estos temas, son editados en Argentina y de allí se importaban.

Años después se crea el sello E.L.A. para seguir poniendo a disposición del público las últimas tendencias y no olvidarse de los más clásicos y tradicionales libros.

REALIZADO E IMPRESO EN ESPAÑA

PRODUCIDO CON PAPEL DE LA C. E.

El papel utilizado para la impresión de nuestros libros, ha sido fabricado a partir de madera procedente de bosques y plantaciones gestionadas con los más altos estándares ambientales, garantizando la explotación sostenible de los recursos y la armonía con el medio ambiente, siendo esta gestión beneficiosa para el planeta y para los seres humanos y contribuyendo al cuidado de los bosques y a la reforestación mundial. Por cada árbol cortado para hacer papel, se han plantado cuatro árboles.